LA VIE ET LES AVANTURES SURPRENANTES DE ROBINSON CRUSOE,

Contenant son retour dans son Isle, & ses autres nouveaux Voyages.

Le tout écrit par lui-même.

TRADUIT DE L'ANGLOIS.
TOME QUATRIE'ME.

A AMSTERDAM,
Chez L'HONORE' & CHATELAIN.

M. DCC. XXI.

SUITE
DES
AVANTURES
DE
ROBINSON CRUSOE.

COmme Atkins & sa femme n'étoient plus dans cet endroit, nous n'avions aucune raison pour nous y arrêter. Nous revînmes donc sur nos pas, & nous les trouvâmes déja qui nous attendoient. Quand je les vis, je demandai au Prêtre, s'il trouvoit à propos, que nous leur découvrissions que nous les avions vûs dans le bosquet? Ce n'étoit pas là son avis, il vouloit lier conversation avec Atkins, pour voir ce qu'il nous diroit de son propre mouvement. Là-dessus nous le fîmes entrer sans permettre que personne y fût que nous trois, & voici quel fut nôtre entretien.

ROBINSON CRUSOE. Je vous prie, Atkins.

kins, dites-moi, quelle éducation avez-vous eûë ? de quelle profession étoit vôtre Pere ?

GUILLAUME ATKINS. Un plus honnête homme que je ne serai de ma vie ; c'étoit un Ecclesiastique, Monsieur.

R. CR. Quelle éducation vous a-t'il donné ?

G. AT. Il n'a rien négligé pour me porter à la Vertu, mais j'ai méprisé ses préceptes & ses réprimandes, comme une véritable bête féroce, que j'étois.

R. CR. Salomon dit effectivement, que celui qui méprise la correction, est semblable aux bêtes.

G. AT. Helas, Monsieur, je n'ai été que trop semblable aux bêtes les plus cruelles, puisque j'ai assassiné mon propre Pere. Ah! mon Dieu ! Monsieur, ne parlons plus de cela, j'ai tué mon propre Pere.

Le Prêtre, à qui j'interpretois tout mot à mot, recula à ces dernieres paroles, & devenant pâle comme la mort, s'écria tout haut, *O Ciel! un Parricide.*

R. CR. J'espere, Atkins, qu'il ne faut pas prendre à la lettre ce que vous venez de dire; Auriez-vous tué vôtre Pere réellement ?

G. AT. Il est bien vrai, que je ne lui ai pas plongé un poignard dans le sein, mais j'ai abregé ses jours en lui ôtant toute sa consolation, & en empoisonnant tous ses plaisirs. Je l'ai tué, Monsieur, par la plus noire ingratitude, par laquelle j'ai répondu à la tendresdresse la plus forte que jamais pere eut pour son fils.

R. Cr. Tranquilisez-vous, Atkins, je ne vous ai pas fait cette question, pour vous arracher l'aveu, que vous venez de faire, je prie Dieu de vous en donner un sincere repentir, comme aussi de tous vos autres péchez. Je vous l'ai faite seulement, parce que je remarque, que, quoique vous ne soyez pas extrêmement éclairé, vous ne laissez d'avoir une idée de la Religion, & de la Morale, & que vous en savez davantage, que vous n'en avez pratiqué.

G. At. Ce n'est pas vous, qui m'avez arraché cet aveu, Monsieur, c'est ma Conscience. Quand nous commençons à jetter la vûë sur nos péchez passez, il n'y en a point, qui nous touchent plus sensiblement, que ceux que nous avons commis contre des parens pleins d'indulgence pour nous. Il n'y en a point qui fassent des impressions si profondes, & qui nous accablent davantage.

R. Cr. Il y a dans vôtre discours quelque chose de si pathétique, Atkins, que je ne saurois l'entendre sans me troubler.

G. At. Et pourquoi vous troubleriez-vous, Monsieur? des sentimens comme les miens vous doivent être absolument étrangers.

R. Cr. Non, non, Atkins, tout ce rivage, chaque arbre, chaque colline dans toute cette Isle, est un témoin des inquiétudes affreuses, que m'a causées le souvenir de

l'inl'ingratitude, que j'ai euë dans ma premiere jeunesse pour les soins d'un Pere aussi tendre, que paroît avoir été le vôtre. J'ai tué mon Pere aussi bien que vous, mon pauvre Atkins, mais je crains fort que vôtre repentir ne surpasse beaucoup le mien.

J'en aurois dit davantage, si j'avois été maître de ma douleur ; le repentir d'Atkins me paroissoit si fort l'emporter sur le mien, que je n'étois plus en état de soutenir cette conversation. Je voyois que cet homme, que j'avois apellé pour lui donner des leçons, m'en donnoit à moi de fort touchantes, où naturellement je ne devois pas m'attendre.

Le jeune Prêtre, à qui je communiquai tout ce discours, en fût fort ému : *Eh bien, me dit-il, ne vous ai je pas averti d'avance, que dès que cet homme-là seroit converti, il deviendroit nôtre Prédicateur ? Je vous assure, Monsieur, que s'il persevere dans sa penitence, je serai inutile ici, & qu'il fera des Chrétiens de tous les habitans de l'Isle.*

Me tournant alors de nouveau du côté d'Atkins : » Mais Guillaume, *lui dis-je*, d'où vient que précisément dans ce moment ici vos péchez vous touchent d'une si grande force ?

G. At. Helas ! Monsieur, vous m'avez mis à un ouvrage, qui m'a percé le cœur. Je viens de parler avec ma femme de Dieu, & de la Religion ; afin de lui faire goûter le Christianisme, & elle m'a fait un Sermon elle-mê-

même, qui ne me sortira jamais de l'Esprit, tant que je vivrai.

R. Cr. Ce n'est pas vôtre femme qui vous a prêché, mon cher Atkins, mais vôtre Conscience vous a retorqué à vous-même, les argumens, dont vous vous êtes servi.

G. At. Il est vrai, Monsieur; ma Conscience me les a retorquez avec une force, à laquelle il m'a été impossible de résister.

R. Cr. Informez-nous, Guillaume, de tout ce qui vient de se passer, entre vous & vôtre femme; j'en sçai déja quelque chose.

G. At. Ah! Monsieur, il ne m'est pas possible de vous en donner un compte exact; quoique j'en sois pénétré, je ne sçaurois pourtant trouver des termes pour m'expliquer comme il faut; mais qu'importe dans le fond? il suffit que j'en suis touché, & que j'ai pris une ferme résolution de réformer ma vie.

R. Cr. Mais encore, Atkins, dites-nous-en quelque chose; par où avez-vous entamé la conversation? Le cas est tout à fait extraordinaire certainement; si vôtre femme vous a porté à une résolution si loüable, elle vous a fait effectivement un excellent Sermon.

G. At. J'ai débuté par la nature de nos Loix sur le mariage, qui tendent à lier l'homme & la femme par des nœuds indissolubles. Je lui ai fait entendre que sans de pareilles Loix, l'ordre ne pourroit pas être maintenu dans la Societé; que les hommes aban-

A 4

donneroient leurs familles, & qu'ils se mêleroient confusément avec d'autres femmes, ce qui embrouilleroit toutes les successions, & rendroit tous les héritages incertains.

R. Cr. Comment, Guillaume, vous parlez comme un Docteur en Droit. Mais avez-vous pu lui faire comprendre ce que c'est qu'*heritages & Familles* ? Les Sauvages n'en ont pas seulement une idée, à ce qu'on dit, & se marient sans aucun égard pour l'alliance. On m'a assuré même, que parmi eux les freres se marient avec leurs sœurs, les peres avec leurs filles, & les fils avec leurs meres.

G. At. Je croi, Monsieur, que vous êtes mal informé; ma femme m'a dit au moins, que sa Nation abhorre de pareils mariages, & que dans les degrez de parenté dont vous venez de faire mention, ils ne se marient jamais, quoiqu'ils ne soient pas si scrupuleux, que nous, peut être, par rapport aux degrez plus éloignez.

R. Cr. Eh bien, que vous répondit-elle ?

G. At. Elle me dit, qu'elle trouvoit ces Loix fort bonnes, & qu'elles étoient meilleures, que celles de son Païs.

R. Cr. Mais lui avez vous expliqué ce que c'étoit proprement que le mariage ?

G. At. Oüi, & c'est par là qu'a commencé nôtre Dialogue; je lui demandai si elle vouloit être mariée avec moi à nôtre maniere Quelle maniere, me dit-elle ? Je veux dire,
re-

repliquai-je, la maniere, que Dieu a établi pour le mariage. Cette replique donna lieu à la conversation la plus particuliere, que jamais Mari eut avec sa Femme.

*Voici le Dialogue d'Atkins & de sa femme précisément de la maniere que je l'ai écrit sur le champ, à mesure qu'il me le communiquoit.

LA FEMME. *Etablie par Dieu !* comment ? vous avez donc aussi un Dieu dans vôtre païs.

GUILLAUME ATKINS. Sans doute, ma chere, Dieu est dans tous les Païs.

LA F. Point du tout, vôtre Dieu n'est pas dans mon Païs, nous n'avons que le grand vieux Dieu *Benamuckée.*

G. ATK. Helas ! ma pauvre enfant, je ne suis pas assez habile pour vous expliquer ce que c'est que Dieu. Il est dans le Ciel, il a fait le Ciel, & la Terre, & tout ce qui s'y trouve.

LA F. Il a fait toute la Terre peut être, mais il n'a pas fait mon païs.

Atkins ayant souri à propos de l'exception que venoit de faire sa femme, elle s'en scandalisa, & reprit de cette maniere.

LA F. Pourquoi vous moquez-vous de moi ?

---

* Tout ce que dit la Femme dans ce Dialogue est en fort mauvais Anglois; j'aurois pu l'imiter en François comme j'ai fait dans le premier volume en pareil cas, mais je ne l'ai pas trouvé à propos, parce que la matiere est sérieuse, & que ce mauvais langage y répandroit quelque chose de trop badin.

moi ? pourquoi riez-vous ? ceci n'est pas une matiere à rire, ce me semble.

G. ATK. Vous avez raison, je ne rirai plus, ma chere enfant.

LA F. Vous dites donc que vôtre Dieu a fait tout ?

G. ATK. Oui, mon cœur, Dieu a fait tout le monde, & vous & moi, enfin tout ; c'est le seul Dieu véritable, il n'y a point d'autre Dieu ; il vit éternellement dans le Ciel.

LA F. Et pourquoi ne m'avez-vous pas dit cela, il y a long-tems ?

G. ATK. Vous avez bien raison ; mais jusqu'ici j'ai été un abominable scelerat ; non seulement j'ai négligé de vous parler de Dieu, mais j'ai vécu moi-même, comme si je ne le connoissois pas.

LA F. Comment vous avez le grand Dieu dans vôtre païs, & vous ne le connoissez pas ? vous ne l'adorez pas ? vous ne faites rien pour lui plaire ? Cela n'est pas possible.

G. ATK. Cela est pourtant certain, quoique nous vivions souvent comme s'il n'y avoit point de Dieu dans le Ciel, & que son pouvoir ne s'étendît point jusqu'à la terre.

LA F. Mais pourquoi Dieu le permet il ? pourquoi ne vous fait-il pas vivre mieux ?

G. ATK. C'est nôtre propre faute.

LA F. Mais vous dites qu'il est grand, qu'il a un grand pouvoir, qu'il peut vous tuer, s'il veut, pourquoi ne vous tue t'il pas
quand

quand vous ne le servez pas, & que vous faites du mal ?

G. Atk. Il est vrai qu'il auroit pu me tuer, il y a long-tems, & que je devois m'y attendre, car j'ai été un homme indigne de vivre ; mais il est miséricordieux, & il ne nous punit pas toûjours quand nous le méritons.

La F. Eh bien, n'avez-vous pas remercié vôtre Dieu de sa bonté pour vous.

G. Atk. Helas ! je l'ai remercié aussi peu, de sa miséricorde, que je l'ai craint pour son pouvoir.

La F. Si cela est, vôtre Dieu n'est pas Dieu, je ne sçaurois le croire. Il est grand, il a du pouvoir, & il ne vous tue pas quand vous le fâchez ?

G. Atk. Faut-il donc, ma chere, que ma mauvaise conduite vous empêche de croire en Dieu ? que je suis malheureux ! Je suis Chrétien, & mes crimes empêchent les Payens de le devenir.

La F. Mais comment puis-je croire, que vous ayez là haut un Dieu grand, & fort, & que cependant vous ne faites point de bien ? Il faut donc, qu'il ne sache pas ce que vous faites.

G. Atk. Vous vous trompez. Il sçait tout, il nous entend, il voit ce que nous faisons, il connoît nos pensées quoique nous ne parlions pas.

La F. Cela ne se peut pas, il ne vous entend

tend pas jurer & dire à tout moment *Dieu me damne.*

G. ATK. Il entend tout cela assurément.

LA F. Mais où est donc son grand pouvoir?

G. ATK. *Il est Miséricordieux* ; c'est tout ce que je puis vous dire, & c'est cela qui prouve qu'il est le véritable Dieu. Il n'a point de passions comme les hommes, & c'est pour cette seule raison, que la colere ne nous consume pas, dès que nous péchons contre lui.

Atkins nous dit qu'il étoit rempli d'horreur en disant à sa femme que Dieu voit, & entend tout, & qu'il connoît nos pensées les plus secrettes, en songeant que malgré cette verité, il avoit osé faire un si grand nombre de mauvaises actions.

LA F. Miséricordieux ! que voulez-vous dire par là ?

G. ATK. Il est nôtre Créateur, & nôtre Pere. Il a pitié de nous, & nous épargne.

LA F. Quoi ! il n'est pas en colere contre vous, il ne vous tue pas quand vous faites du mal ? Il n'est donc pas bon lui-même, ou il n'a pas beaucoup de force.

G. ATK. Il est infiniment bon, ma chere femme, infiniment grand, & capable de nous punir. Fort souvent même il donne des exemples de sa justice, & de sa vengeance, en faisant périr les pécheurs, au milieu de leurs crimes.

LA F. Il ne vous a pas tué pourtant ; il faut

faut donc qu'il vous ait averti, qu'Il ne vous tueroit pas, & que vous ayez fait un accord avec lui, de pouvoir faire du mal, sans qu'il soit en colere contre vous, comme contre les autres hommes.

G. ATK. Bien loin de là, mon cœur, j'ai péché hardiment par une fausse confiance en sa bonté, & il auroit été infiniment juste, en me détruisant, comme il a souvent détruit d'autres pécheurs.

LA F. Il est donc bien bon à vôtre égard qu'est-ce que vous lui avez dit pour l'en remercier ?

G. ATK. Rien, ma pauvre femme, je suis un indigne scelerat, rempli de la plus noire ingratitude.

LA F. Mais vous dites qu'il vous a fait, que ne vous a-t'il fait meilleur ?

G. ATK. Il m'a fait, comme il a fait tous les autres hommes, mais je me suis corrompu moi-même, j'ai abusé de sa bonté, & je suis parvenu à ce comble de sceleratesse par ma propre faute.

LA F. Je voudrois que vous fissiez en sorte que Dieu me connût ; je ne le fâcherois pas, je ne ferois point de mauvaises choses.

G. ATK. Vous voulez dire, ma chere, que vous souhaiteriez, que je vous fisse connoître Dieu ; car Dieu vous connoît déja, & il n'y a pas une seule de vos pensées qui lui soit inconnuë.

LA F. Il sçait donc aussi ce que je vous dis

à

à présent. Il sait que je souhaite de le connoître ? Helas ! qui pourra faire ensorte que je connoisse celui qui m'a fait ?

G. Atk. Ma chere, je suis au desespoir de n'être pas en état de vous éclairer là-dessus; c'est lui-même qui doit se faire connoître à vous ; je m'en vais le prier, de vous enseigner lui-même, & de me pardonner, de m'être rendu indigne, & incapable de vous instruire.

C'est là-dessus qu'Atkins penetré de douleur de ne pouvoir pas satisfaire au desir ardent qu'avoit sa femme, de connoître Dieu, s'étoit jetté devant elle à genoux, pour le prier d'illuminer cet esprit tenebreux par la connoissance salutaire de l'Evangile, de lui pardonner ses péchez à lui même, & de vouloir bien se servir d'un aussi indigne instrument, pour la conversion de cette malheureuse Payenne. Après avoir été à genoux pendant quelques momens, il s'étoit remis auprès de sa femme ; & la conversation recommença de la maniere suivante.

La F. Pourquoi vous êtes vous mis à genoux, pourquoi avez vous parlé ? que signifie tout cela ?

G. Atk. Je me suis mis à genoux, ma chere femme, pour m'humilier devant celui qui m'a fait, je lui ai dit *O*, comme vos veillards font au faux Dieu *Benemuckée* ; je veux dire que je lui ai adressé mes prieres.

La F. Et pourquoi lui avez-vous dit *O* ?
G.

G. A T K. Je l'ai prié d'ouvrir les yeux de vôtre entendement, afin que vous puissiez le connoître & lui être agréable.

L A F. Peut-il faire cela encore ?

G. A T. Sans doute il peut faire tout, rien ne lui est impossible.

L A F. Et il entend tout ce que vous lui dites.

G. A T. Certainement. Il nous a ordonné de le prier, avec promesse de nous écouter, & de nous accorder ce que nous lui demanderions.

L A F. Il vous a ordonné de le prier ? quand vous l'a-t-il ordonné ? où vous l'a-t-il ordonné ? Il vous a donc parlé lui-même ?

G. A T. Non, ma chere, il ne nous a pas parlé lui-même, mais il s'est révelé à nous de differentes manieres. Il a parlé autrefois à quelques Saints hommes, en termes fort clairs, & il les a dirigez par son esprit, pour rassembler toutes ses Loix dans un Livre.

L A F. Je ne vous comprends pas. Où est ce Livre ?

G. A T. Helas, ma pauvre femme, je n'ai pas ce Livre ; mais j'espere que je le trouverai un jour, & que je vous enseignerai à le lire.

(C'est dans cette occasion, que nous l'avions vû embrasser sa femme avec beaucoup de tendresse, mais en même temps avec beaucoup de chagrin de se voir sans Bible.

L A F. Mais comment me ferez-vous comprenprendre que Dieu lui-même a enseigné à ces hommes à faire ce Livre ?

G. At. Par la même regle, par laquelle nous savons qu'il est Dieu.

La F. Eh bien, par quelle regle, par quel moyen savez-vous qu'il est Dieu ?

G. At. Parce qu'il ne nous ordonne & ne nous commande rien, qui ne soit bon & juste, rien qui ne tende à nous rendre parfaitement bons, & parfaitement heureux, & parce qu'il nous défend tout ce qui est mauvais en soi-même, ou mauvais dans ses conséquences.

La F. Ah ! je voudrois bien comprendre tout cela, je voudrois bien voir tout ce que vous venez de dire. Il enseigne tout ce qui est bon, il défend tout ce qui est mauvais, il récompense le bien & il punit le mal, il a fait tout, il donne tout, il m'entend quand je lui dis O, il ne me tuera pas si je souhaite d'être bonne, si je veux faire du mal il peut me tuer, mais il peut m'épargner aussi ; & il est pourtant le grand Dieu. Eh bien, je croi qu'il est le grand Dieu ; je veux lui dire O avec vous, mon cher.

C'est ce discours qui avoit sur tout touché le cœur d'Atkins. Il s'étoit mis à genoux avec elle pour prier Dieu tout haut de l'illuminer de son saint Esprit, & de faire en sorte par sa Providence, qu'il pût trouver une Bible, afin de la lire avec la femme, & de la faire
par-

parvenir par là à la connoissance de la véritable Religion.

Parmi les autres discours, qu'ils eurent ensuite de cette priere, sa femme lui fit promettre, que puisque de son propre aveu toute sa vie n'avoit été qu'une suite de péchez propres *à provoquer Dieu à colere*, de la réformer, & de ne plus irriter Dieu, de peur qu'il ne fût ôté du monde, & qu'elle ne perdît par là le moyen de connoître mieux la Divinité, enfin de peur qu'il ne fût éternellement misérable lui-même, comme il lui avoit dit, que les méchans seroient après leur mort.

Ce recit nous toucha beaucoup l'un & l'autre, mais sur tout le jeune Religieux. D'un côté il étoit extazié de joye, mais de l'autre, il étoit cruellement mortifié de n'entendre pas l'Anglois, pour pouvoir parler lui même à cette femme qui avoit de si excellentes dispositions. Revenu de ses réflexions il se tourna vers moi en me disant qu'il y avoit plus à faire avec cette femme, que de la marier. Je ne le compris pas d'abord, mais il s'expliqua, en me disant qu'il croyoit qu'il falloit la baptiser.

J'y consentis, & lui voyant que je me hâtois d'en ordonner les préparatifs: *Patience, Monsieur*, me dit-il, *mon sentiment est, qu'il faut la baptiser absolument; son Mari l'a fait résoudre à embrasser le Christianisme, il lui a donné des idées justes de l'existence d'un Dieu, de son pouvoir, de sa justice, & de sa clémen-*

Tome III. B *ce;*

ce ; mais il faut , que je sache avant que d'aller plus loin, s'il lui a dit quelque chose de J. Christ, du Salut qu'il nous a procuré par sa mort , de la Foi , du Saint Esprit , de la Résurrection , du dernier Jugement , & de la Vie à venir.

J'appellai là dessus Atkins, & je le lui demandai ; il se mit à pleurer en disant , qu'il en avoit dit quelque chose , mais fort superficiellement , qu'il étoit un homme si criminel , & que sa conscience lui reprochoit avec tant de force sa conduite impie, qu'il trembloit à la seule idée , que la connoissance que sa femme avoit de sa mauvaise vie , ne lui donnât du mépris pour tous ces dogmes sacrez , & importans : mais qu'il étoit sûr que son esprit étoit tellement disposé à recevoir les impressions de toutes ces véritez , que si je voulois bien lui en parler, je viendrois facilement à bout de l'en persuader, & que je n'y perdrois pas mon temps ni mes peines.

Là-dessus je la fis entrer, & m'étant placé entre elle & le Prêtre, pour servir de truchement , je le priai d'entrer en matiere. Il le fit , & je suis persuadé que dans ces derniers siécles, jamais Prêtre Papiste ne fit un pareil Sermon , aussi lui dis je que je lui trouvois toutes les lumieres, tout le zele, & toute la sincerité d'un vrai Chrétien, sans aucun mélange des erreurs de son Eglise, & qu'il me paroissoit semblable aux Evêques de Rome, avant que l'Eglise Romaine eût usurpé la Souveraineté sur les Consciences.

Pour

Pour faire court ; il réüssit à porter cette pauvre femme à embrasser la connoissance du Sauveur, & de la Rédemption, non seulement avec surprise & avec étonnement, comme elle avoit reçu d'abord les Notions de Dieu, & de ses attributs ; mais encore avec joye, avec foi, & avec un degré de lumieres, qu'on auroit de la peine à s'imaginer, bien loin de pouvoir en donner une idée juste.

Quand il se prépara à la baptiser, je le priai de s'acquiter de cette cérémonie, avec quelque précaution, afin qu'on ne remarquât pas qu'il fut Catholique, ce qui auroit pû avoir de mauvaises conséquences, & causer des divisions parmi tous ces gens, qui n'avoient encore que de foibles idées de ces sortes de matieres. Il me répondit, que comme il n'avoit point là de Chapelle consacrée, ni les autres choses nécessaires aux formalitez de son Eglise, il s'y prendroit d'une telle maniere que je ne remarquerois pas moi-même, qu'il étoit Catholique, si je n'en avois pas été instruit auparavant. Il tint sa parole, & après avoir prononcé à moitié bas quelques paroles Latines, il jetta tout un plat d'eau sur la tête de la femme, en disant tout haut, en François : *Marie*, (car en qualité de son parrain, je lui donnai ce nom-là à la priere de son Mari) *je te baptise au nom du Pere, du Fils, & du St. Esprit*.

Il n'étoit pas possible, de deviner par-là de quelle Religion il étoit. Il est vrai, qu'il lui donna ensuite la bénédiction en Latin ; mais Atkins s'imagina, que c'étoit du François, ou bien il n'y prit pas garde du tout.

Cette cérémonie étant achevée il la maria, & se tournant ensuite du côté d'Atkins, il l'exhorta d'une maniere très pathétique, non seulement à perseverer dans ses bonnes dispositions, mais encore de répondre par une sainte vie, aux lumieres qui venoient d'être répandues dans sa conscience. Il lui dit qu'il feroit en vain profession de se repentir, si actuellement il ne renonçoit à tous ses crimes. Il lui représenta que puisque Dieu lui avoit fait la grace de se servir de lui, comme d'un instrument à la conversion de sa femme, il devoit bien prendre garde de ne pas deshonorer cette faveur du Ciel ; & que s'il se négligeoit là-dessus, il pourroit voir une Payenne se sauver, & l'instrument de son Salut rejetté.

Il y ajoûta un grand nombre d'autres excellentes leçons, & le recommandant l'un & l'autre à la bonté divine, il leur donna sa bénédiction de nouveau ; se servant toujours de moi comme de son interpréte, & c'est ainsi que finit toute la Cérémonie. Je puis dire que ce jour-là a été le plus agréable, que j'aye passé de ma vie.

Pour mon Religieux, il n'étoit pas encore à bout de tous ses pieux desseins ; ses pensées continuoient toujours à rouler sur la conversion des trente-sept Sauvages, & il

se-

seroit resté de tout son cœur dans l'Isle pour y travailler ; mais je lui fis voir que son entreprise étoit impraticable, & que je trouverois pour-être un moyen de la faire réussir sans qu'il fut besoin, qu'il s'en mêlât.

Ayant ainsi reglé les affaires de mon Isle, je me préparois à retourner à bord du vaisseau, quand le jeune Anglois, que j'avois tiré du bâtiment affamé, vint me dire qu'il avoit appris que j'avois un Ecclesiastique avec moi, & que par son moyen, j'avois marié les Anglois formellement avec les femmes Sauvages ; il ajouta qu'il savoit un autre mariage à faire entre deux Chrétiens, qui pourroit bien ne m'être pas desagréable.

Je vis d'abord qu'il s'agissoit de la servante de sa défunte Mere, qui étoit la seule femme Chrétienne qui fut dans l'Isle. Là dessus je l'exhortai à ne pas faire une chose de cette importance précipitamment, & seulement pour adoucir la solitude où il se devoit trouver dans l'Isle. Je lui dis que j'avois su de lui même, & de la servante, qu'il avoit du bien considérablement, & des amis capables de le pousser dans le monde ; que d'ailleurs cette fille n'étoit pas seulement une pauvre servante, mais que son âge n'étoit pas proportionné au sien, puisqu'elle pouvoit bien avoir vingt-sept à vingt-huit ans, au lieu qu'il en avoit à peine 18., que par mes soins il pouvoit bien-tôt sortir de ce desert, & revenir dans sa patrie, où certainement il se repenpentiroit de son choix précipité, ce qui les rendroit malheureux l'un & l'autre.

J'allois en dire davantage, quand il m'interrompit en souriant, pour me dire avec modestie, que je me trompois dans ma conjecture, & qu'il n'avoit rien de tel dans l'esprit, se trouvant dans des circonstances assez tristes, pour n'y pas mettre encore le comble par un mariage mal assorti ; qu'il étoit charmé de mon dessein de le faire retourner dans sa patrie ; mais que mon voyage devant être de longue haleine, selon toutes les apparences, & très-hazardeux, il ne me demandoit pour toute grace, par rapport à lui, que de lui donner quelques Esclaves, & tout ce qui étoit nécessaire, pour établir une plantation ; que de cette maniere-là il attendroit avec patience l'occasion de retourner en Angleterre, persuadé, que quand j'y serois revenu, je ne l'oublierois pas. Enfin, il me dit qu'il avoit envie de me donner des Lettres pour ses parens, afin de les informer des bontez, que j'avois eues pour lui, & de l'endroit où je l'avois laissé, & il me promit, que dès que je le ferois sorti de l'Isle, il me cederoit sa plantation, de quelque valeur qu'elle pût être.

Ce petit discours étoit fort bien arrangé, pour un garçon de cet âge, & il m'étoit d'autant plus agréable qu'il m'assuroit positivement que le mariage en question ne le regardoit pas lui-même. Je lui donnai toutes les
asseu-

aſſurances poſſibles, de rendre ſes Lettres ſi je revenois ſain & ſauf en Angleterre, de n'oublier jamais la fâcheuſe ſituation dans laquelle je le laiſſois, & d'employer tous les moyens poſſibles, pour l'en tirer.

J'étois fort impatient cependant de ſavoir, de quel mariage il avoit voulu parler, & il m'aprit qu'il s'agiſſoit de Suſanne, (c'étoit le nom de la ſervante) & de mon Artiſan univerſel.

J'en fus charmé au pied de la lettre, parce que le parti me paroiſſoit très-bon de côté & d'autre ; j'ai déja donné le caractere du jeune homme. Pour la fille, elle étoit modeſte, douce & pieuſe ; elle avoit du bon ſens, & aſſez d'agrément, elle parloit bien, & à propos, d'une maniere décente & polie, toujours prête à répondre quand il le falloit, & jamais impertinemment précipitée à ſe mêler de ce qui ne la regardoit pas, elle avoit beaucoup d'adreſſe, pour faire toutes ſortes d'ouvrages, & elle étoit ſi bonne ménagere, qu'elle auroit pû être la femme de charge de toute la Colonie. Elle ſavoit parfaitement bien ſe conduire avec des perſonnes de toutes ſortes de rangs, & par conſéquent il ne lui étoit pas mal-aiſé de plaire à tous les habitans de l'Iſle.

Nous les mariâmes ce même jour, & comme je lui tenois lieu de Pere dans cette cérémonie, je lui donnai auſſi ſa dot ; car je lui aſſignai à elle & à ſon époux une eſpace de terre

terre assez considérable, pour en faire une Plantation. Ce mariage, & la proposition, que le jeune homme m'avoit faite de lui donner en propre une petite étendue de terrain, me firent penser à partager toute l'Isle aux habitans, afin de leur ôter toute occasion de querelles.

J'en donnai la commission à Atkins, qui étoit devenu grave, moderé, bon ménager, en un mot qui étoit alors un parfaitement honnête homme, très-pieux, fort attaché à la Réligion, & si j'ose décider d'une affaire de cette nature, véritablement converti.

Il s'acquitta de cette commission avec tant de prudence, que tout le monde en fut satisfait, & qu'ils me prierent tous de ratifier le partage par un écrit de ma main. Je le fis dresser tout aussi-tôt, & en spécifiant les limites de chaque Plantation, je leur donnai à chacun un droit de possession pour eux, & pour leurs héritiers, ne me réservant que le *haut domaine* de toute l'Isle, & une redevance pour chaque Plantation, payable en 11 ans à moi, ou à celui de mes héritiers, qui venant la demander produiroit une copie authentique du présent écrit.

A l'égard de la forme du Gouvernement & des Loix, je leur dis qu'ils étoient aussi capables que moi, de prendre des mesures utiles là-dessus, & que je souhaittois seulement, qu'ils me promissent de nouveau, de vivre ensemble comme bons amis & bons voisins.

Il

Il y a encore une particularité que j'aurois tort de passer sous silence. Comme tous les habitans de mon Isle vivoient, comme dans une espece de République, & qu'ils avoient beaucoup à faire, il paroissoit ridicule qu'il y eut 37. Sauvages reléguez dans un coin de l'Isle, à peine capables de gagner leur vie, bien loin de contribuer à l'utilité générale. Cette considération me fit proposer au Goûverneur Espagnol, d'y aller avec le Pere de *Vendredi*, & de leur offrir de se joindre aux autres habitans, afin de planter pour eux-mêmes, ou bien de servir les autres, pour la nourriture & l'entretien, en qualité de Domestiques, & non pas en qualité d'Esclaves. Car je ne voulois pas absolument permettre qu'on les réduisit à l'Esclavage, ce qui auroit été contraire à la Capitulation, qu'ils avoient faite, en se rendant.

Ils accepterent la proposition de …d cœur, & quitterent leurs habitation…s moment même. Il n'y en eut que trois ou quatre, qui prirent le parti de cultiver leurs propres terres ; tous les autres aimerent mieux être distribuez dans les differentes familles, que nous avions établies.

Toutes les Colonies se réduisoient alors à deux. Il y avoit celle des Espagnols qui demeuroient dans mon Château, & qui étendoient leur plantation, du côté de l'Est, tout le long de la petite baye, jusqu'à ma maison de Campagne. Les Anglois vivoient dans le

Tome IV. C Nord

Nord-Est de l'Isle, où Atkins & ses camarades s'étoient établis dès le commencement, & ils s'étendoient du côté du Sud, & du Sud-Ouest derriere la plantation des Espagnols. Chaque Colonie avoit encore à sa disposition une assez grande étenduë de terres en friche, qu'elles pouvoient cultiver en cas de besoin, en sorte que de ce côté il n'y avoit aucun sujet de jalousie & de discorde.

On avoit laissé déserte la partie Orientale de l'Isle, afin que les Sauvages pussent y aller & venir à leur ordinaire, & on avoit résolu de ne se point mêler de leurs affaires s'ils ne se mêloient pas de celles des habitans. Il ne faut pas douter, qu'ils n'y vinssent souvent, comme ils avoient fait autrefois, mais je n'ai jamais entendu dire, qu'ils ayent entrepris la moindre chose contre mes Colonies.

Il me vint alors dans l'esprit, que j'avois fait esperer à mon Religieux, que la conversion des trente-sept Sauvages pouvoit se faire sans lui, d'une maniere dont il seroit satisfait. Je lui fis sentir que cette affaire étoit en bon train, & que ces gens étant ainsi distribuez parmi les Chrétiens, il seroit facile de leur faire goûter les Principes de nôtre Religion pourvû que chacun de leurs maîtres voulût bien faire tous ses efforts pour y réüssir.

Il en convint, *mais dit-il, comment les porterons-nous à y travailler avec application?* Je lui répondis qu'il falloit les y engager, en les as-

assemblant tous, ou bien en leur allant parler à chacun à part. Ce second parti lui parut le plus convenable, & là-dessus nous partageâmes l'ouvrage entre nous. Il entreprit d'aller voir les Espagnols, qui étoient tous Papistes, dans le tems que j'irois adresser mes exhortations aux Anglois, qui étoient tous Protestans. Nous leur recommandâmes aux uns & aux autres, très-fort, de ne point faire entrer dans les instructions, qu'ils adresseroient aux Sauvages, aucune distinction entre les Catholiques, & les Protestans, & de se contenter de leur donner les Principes généraux de la Religion Chrétienne ; comme l'existence de Dieu, le mérite de J. C. &c. Ils nous le promirent, & ils s'engagèrent même, à ne parler jamais ensemble de Controverse.

En venant à la maison, ou à la ruche d'Atkins, je vis avec plaisir, que la jeune femme de mon Machiniste, & l'Epouse d'Atkins étoient devenuës amies intimes, & que cette personne pieuse avoit perfectionné l'ouvrage, que l'Epoux avoit commencé. Quoiqu'il n'y eut que quatre jours écoulez depuis le baptême de la femme d'Atkins, elle étoit devenuë déja si bonne Chrétienne, que je n'ai de ma vie entendu parler d'une conversion si subite, & poussée si loin en si peu de tems.

Il m'étoit venu justement dans l'esprit le même matin, que je méditois cette visite, qu'en leur laissant tout ce qui leur étoit nécessaire, j'avois oublié de leur donner une ble, en quoi je confesse que j'avois moins de soin pour eux que ma *bonne Veuve* n'avoit eu autrefois pour moi, en m'envoyant trois Bibles, & un Livre de *communes Prieres*, avec la Cargaison de la valeur de cent livres sterling, qu'elle eut soin de me faire tenir dans le Brezil.

La charité de cette pauvre femme eut un effet plus étendu, qu'elle n'avoit prévu elle-même, car ces Bibles servirent alors d'instruction & de consolation, à des gens qui en faisoient un meilleur usage, que je n'en avois fait alors moi-même.

J'avois une de ces Bibles dans ma poche, en arrivant à la maison d'Atkins, où je remarquai que les deux femmes venoient de parler ensemble, sur des matieres de Religion. *Ah! Monsieur*, dit Atkins dès qu'il me vit *quand Dieu veut se reconcilier avec des pécheurs, il en sçait bien trouver les moyens. Voila ma femme, qui a trouvé un Prédicateur nouveau; je sçais que j'etois aussi indigne qu'incapable de mettre la main a un pareil ouvrage; & voilà cette jeune femme, qui paroît nous être envoyée du Ciel. Elle est en état de convertir toute une Isle pleine de Sauvages.*

La jeune femme rougit à ces mots, & se leva pour s'en aller, mais en la priant de demeurer, je lui dis qu'elle avoit entrepris un
des-

dessein excellent, & que je souhaitois de tout mon cœur, que le Ciel voulut benir ses soins.

Nous continuâmes sur ce sujet, pendant quelque tems, & ne voyant pas qu'ils eussent aucun Livre, je tirai ma Bible de ma poche. « Voici du secours que je vous aporte, Atkins, *dis je*, & je ne doute point que vous ne le receviez avec plaisir. » Le pauvre homme étoit si surpris de ce présent que pendant quelques minutes il fut incapable, de prononcer un seul mot. Mais s'étant remis de son trouble, il prit le Livre de ses deux mains, & se tournant du côté de sa femme: *Ne vous ai-je pas dit, ma chere*, lui dit-il, *que, quoique Dieu soit là haut dans le Ciel, il peut entendre nos prieres. Voici le Livre que je lui ai demandé quand nous nous sommes mis à genoux ensemble dans le bosquet. Dieu nous a entendus, il nous l'a envoyé.* Après avoir fini ce discours, il tomba dans de si grands transports de joïe, qu'au milieu des actions de graces, qu'il adressoit au Ciel, il versoit un ruiseau de larmes.

Sa femme étoit dans une surprise extraordinaire, & elle étoit prête à tomber dans une erreur, où personne de nous ne s'étoit attendu. Elle croyoit fermément, que Dieu avoit envoyé ce Livre directement du Ciel, à la priere de son mari, & elle prenoit pour un présent immédiat, ce qui n'étoit qu'un effet équivalent de la Providence. Il ne tenoit qu'à nous de la confirmer dans cette penſée; mais la matiere me parut trop ſérieuſe, pour permettre que la bonne perſonne tombât dans une illuſion ſemblable. Je m'adreſſai donc à la jeune femme, en lui diſant, qu'il n'en falloit point impoſer là-deſſus à nôtre nouvelle convertie, & je la priai de faire ſentir à ſon amie, qu'on peut dire avec verité, que Dieu répond à nos prieres, quand nous recevons de ſa Providence d'une maniere naturelle ce que nous lui avons demandé, & que nos prieres ne tendent jamais à exiger de Dieu des miracles.

La jeune femme s'acquitta parfaitement bien, & avec un heureux ſuccès, de cette commiſſion; par conſéquent il n'y eut aucune fraude pieuſe dans toute cette affaire, & dans le fond, d'en employer dans une telle occaſion me paroîtroit la choſe de monde la plus inexcuſable.

J'en reviens à la joye d'Atkins, qui étoit inexprimable; certainement jamais homme ne fût plus reconnoiſſant de quelque préſent que ce put être, qu'il l'étoit du don que je lui fis de cette Bible, & jamais homme ne ſe réjoüit d'un don pareil par un meilleur principe. Cet homme, qui avoit été un des plus grands ſcelerats de l'Univers, établit par ſon changement cette maxime certaine: que les Peres ne doivent jamais deſeſperer du ſuccès des inſtructions qu'ils donnent à leurs Enfans, quelqu'inſenſibles qu'ils y paroiſroissent être. Si jamais Dieu trouve bon dans la suite de toucher le cœur de ces sortes de gens, la force de l'éducation se saisit de nouveau de leur ame, & les instructions, qu'ils ont reçûës dans leur premiere jeunesse, operent sur eux avec tout le succès imaginable. Les préceptes, qui ont été endormis, pour ainsi dire, pendant long-tems, se reveillent alors, & produisent des effets merveilleux.

Il en étoit ainsi du pauvre Atkins. Il n'étoit pas des plus éclairez, mais voyant qu'il étoit apellé à instruire une personne plus ignorante que lui, il ramassoit toutes les leçons de son Pere, qu'il pouvoit se rapeller, & il s'en servoit avec beaucoup de fruit.

Il se ressouvenoit sur tout avec force, de ce que son pere lui avoit dit, sur l'excellence de la Bible, qui répandoit sur des familles, & sur des Nations entieres, les bénédictions du Ciel; verité dont il n'avoit jamais compris l'évidence, que dans cette occasion, où voulant instruire des Payens & des Sauvages, il ne pouvoit pas se passer du secours des Oracles divins.

La jeune femme étoit bien aise aussi de voir cette Bible, pour le besoin qu'elle en avoit alors. Elle en avoit une, comme aussi son jeune Maître, à bord du Vaisseau, parmi ses autres hardes, qu'on n'avoit pas encore portées à terre; mais il lui en falloit une pour s'en servir d'abord.

J'ai déja tant dit de choses touchant cette jeune femme, que je ne sçaurois m'empêcher d'en raporter encore une particularité fort remarquable, & fort instructive.

J'ai raconté ci-dessus à quelle extremité elle avoit été réduite, quand sa Maîtresse mourut de faim, dans le malheureux Vaisseau que nous avions rencontré en pleine mer.

Causant un jour avec elle sur la fâcheuse situation où elle s'étoit trouvée alors, je lui demandai, si elle pouvoit me donner une idée de ce qu'elle avoit senti, dans cette occasion, & me faire comprendre ce que c'est que de mourir de faim. Elle me dit qu'elle croyoit qu'oüi, & voici comme elle me détailla toute cette description.

Après avoir souffert beaucoup pendant presque tout le Voyage, par la disette des vivres, il ne nous resta rien à la fin, qu'un peu de sucre, un peu de vin, & un peu d'eau. Le premier jour que je n'avois pris aucune nourriture, je me trouvai vers le soir un grand vuide dans l'estomac, avec de grandes douleurs, & à l'aproche de la nuit je me sentis fort endormie, & je ne cessai de bailler; ayant pris un verre de vin, je me mis sur un lit, & ayant dormi environ trois heures, je me trouvai un peu rafraîchie. Après avoir veillé trois autres heures, environ les cinq heures du matin, je sentis les mêmes douleurs d'estomac, & je voulus dormir de nouveau; mais il me fut impossible de fermer les yeux,
étant

étant fort foible & ayant de grands maux de cœur, ce qui continua pendant tout le second jour, avec beaucoup de varieté ; tantôt j'avois faim & tantôt j'avois mal au cœur, avec des nausées, comme une personne qui a pris un vomitif. Je me remis sur le lit, vers le soir ayant pris un verre d'eau, pour toute nourriture; m'étant endormie, je rêvois que j'étois dans les Barbades, que j'y trouvois le marché rempli de toutes sortes de vivres, que j'en achetois copieusement, & que je dînois avec ma Maîtresse avec un très grand apétit. A la fin de ce rêve, je crus mon estomac aussi rempli, que si j'avois dîné réellement ; mais quand je fus réveillée, je me trouvai dans une extrême inanition, & comme sur le point de rendre l'ame. Je pris alors nôtre dernier verre de vin; j'y mis du sucre, parce qu'il y a quelque chose de nourrissant, mais n'ayant rien dans mon estomac sur quoi le vin pût operer tout l'effet que j'en tirois, consistoit dans quelques désagréables fumées, qu'il m'envoyoit au cerveau, & l'on m'a dit qu'après avoir vuidé ce verre, j'avois été pendant long tems comme une personne qui ne sent rien, par un excès d'Yvresse.

Le troisième jour, après avoir passé toute la nuit dans des songes sans liaison, en sommeillant plûtôt que je ne dormois, je m'éveillai en sentant une faim enragée, & je ne sçai pas, si j'avois été mere, & que j'eusse eu un de mes enfans avec moi, si j'aurois eu assez
de

de force d'esprit pour n'y pas mettre les dents.

Cette rage dura environ trois heures, pendant lesquelles j'étois aussi furieuse, à ce que m'a dit ensuite mon jeune Maître, que ceux qui le sont le plus, dans l'Hôpital des foux.

Dans un de ces accès de frenesie, soit par un mouvement extraordinaire du Vaisseau, ou que le pied me glissât je tombai à terre, & je me cognai le visage contre le lit de ma Maîtresse, ce qui me fit sortir le sang abondamment du nez; à mesure que le sang couloit ma rage diminuoit, aussi-bien que la faim qui en étoit la cause.

Mes maux de cœur, & mes nausées revinrent ensuite, mais il me fut impossible de rendre, puisque je n'avois rien du tout dans l'estomach. Affoiblie par la perte du sang je m'évanoüis, & l'on me crut morte, mais je revins bien-tôt à moi, soufrant des douleurs d'estomac dont il m'est impossible de vous donner une idée. A l'aproche de la nuit je ne sentis qu'une faim terrible, avec des desirs de manger, que je m'imagine avoir été semblables aux envies d'une femme grosse.

Je pris encore un verre d'eau avec du sucre, mais mon estomac incapable de retenir cette douceur, rendit le tout dans le moment même; ce qui me fit prendre de l'eau pure, qui me resta dans le corps. Là dessus je me mis au lit, en priant Dieu de toute mon ame, qu'il lui plût de me délivrer d'une vie si malheureuse; & me tranquilisant par l'esperanrance d'être bien-tôt exaucée, je parvins à sommeiller pendant quelque tems. M'étant réveillée, je me crûs mourante, ayant la tête toute accablée, par les vapeurs qui s'élevoient de mon estomac vuide. Je recommandai alors mon ame à Dieu, en souhaitant fort, que quelqu'un abregeât mes souffrances, & me jettât dans la mer.

Pendant tout ce tems, ma Maîtresse étoit couchée auprès de moi, comme une personne expirante, mais elle soutint sa misere avec plus de courage, & de patience que moi, & dans cet état, elle donna sa derniere bouchée de pain à son fils, qui ne voulut la prendre, qu'après des ordres redoublez de sa mere, & je suis persuadée, que ce peu de nourriture lui a sauvé la vie.

Vers le matin je me rendormis, & mon sommeil étant dissipé de nouveau, je sentis une envie extraordinaire de pleurer, qui fut suivie par un autre violent accès de faim. Je me levai toute furieuse, & dans le plus déplorable état, qu'on puisse s'imaginer. si j'avois trouvé ma Maîtresse morte, je crois fort que j'aurois mangé un morceau de sa chair avec autant d'apetit, que la viande de quelque animal destiné à nous servir de nourriture. Deux ou trois fois je voulus arracher un morceau de mon propre bras, & voyant le bassin dans lequel j'avois saigné le jour auparavant, je me jettai dessus, & j'avalai le sang, avec précipitation, comme si j'avois craint qu'on ne me l'arrachât des mains. Ce-

Cependant dès que je l'eus dans l'estomac, la seule pensée m'en remplit d'horreur, & elle bannit ma faim pour quelques momens. Je pris alors un autre verre d'eau, qui me rafraîchit, & me tranquilisa pendant quelques heures, c'étoit-là le quatriéme jour, & je restai dans cet état, jusques a la nuit; alors dans l'espace de quatre heures je fus sujette successivement à tous les differents accès, que la faim m'avoit déja causez, j'étois tantôt foible, tantôt accablée du sommeil, tantôt tourmentée par de violens maux d'estomac, tantôt pleurant, tantôt enragée, & mes forces diminuerent cependant d'une maniere extraordinaire. Je me couchai de nouveau; n'ayant d'autre esperance que de mourir, avant la fin de la nuit.

Je ne fermai pas l'œil pendant toute cette nuit, & ma faim étoit changée dans une maladie continuelle; c'étoit une affreuse Colique causée par les vents, qui c'étoient fait un passage, dans mes boyaux vuides. & qui me donnoient des tranchées insuportables. Je demeurai dans ce triste état jusqu'au lendemain matin, que je fus surprise & troublée par les cris & les lamentations de mon jeune Maître qui m'aprit que sa mere étoit morte. N'ayant pas la force de sortir du lit, je levai un peu la tête, & je m'aperçûs, que Madame respiroit encore, quoiqu'elle donnât fort peu signes de vie.

J'avois alors des convulsions d'estomac
épou-

épouventables, avec un apetit furieux, & des douleurs que celles de la mort seule peuvent égaler. Dans cette affreuse situation, j'entendis les matelots crier de toutes leurs forces, UNE VOILE, UNE VOILE. Ils sautoient, & couroient par tout le Vaisseau comme des gens qui auroient perdu l'esprit.

J'étois incapable de me lever du lit; ma pauvre Maîtresse l'étoit encore plus, & mon jeune Maître étoit si malade, que je m'attendois à le voir expirer dans le moment. Ainsi il nous fut impossible d'ouvrir la porte de nôtre chambre, & de nous informer au juste de ce que vouloit dire tout ce vacarme. Il y avoit déja deux jours que nous n'avions parlé à qui que ce fût de l'Equipage. La derniere fois qu'on nous étoit venu voir on nous avoit dit qu'il n'y avoit plus un seul morceau de pain, dans tout le Vaisseau, & les matelots nous ont avoüé dans la suite, qu'ils nous avoient crûs tous morts.

Nous étions dans cet état affreux, quand vous nous envoyâtes des gens, pour nous sauver la vie, & vous sçavez mieux que moi même quelle fut nôtre situation, quand vous vîntes nous voir.

C'étoient là à peu près les propres paroles de cette femme, & il me semble, qu'il n'est pas possible de donner un description plus exacte de toutes les circonstances, où se trouve une personne prête à mourir de faim. J'en suis d'autant plus persuadé, que le jeune hom-

homme me raporta à peu près les mêmes particularitez de l'état, où il s'étoit trouvé. Il est vrai que son recit étoit moins détaillé & moins touchant ; aussi y a-t'il de l'aparence qu'il avoit moins souffert, puisque sa bonne Mere avoit prolongé sa vie aux dépens de la sienne, & que tout ce que la servante avoit eu de plus que sa Dame, pour soûtenir une misere si affreuse, avoit été la force de son âge, & de sa constitution.

De la maniere que ce fait me fut raporté, il est certain que si ces pauvres gens n'avoient pas rencontré nôtre Vaisseau, ou quelque autre, ils auroient tous péri en peu de jours, à moins que de s'être mangés les uns les autres. Ce triste expédient même n'auroit pas servi de grand'chose puisqu'ils étoient éloignez de terre de plus de cinq cens lieuës. Il est tems de finir cette disgression, & d'en revenir à la maniere dont je réglai toutes les affaires dans l'Isle.

Il faut observer ici, que pour plusieurs raisons, je ne jugeai point à propos de parler à mes gens de la chaloupe, que j'avois eu soin d'embarquer par piéces détachées, dans l'intention de les faire joindre ensemble dans l'Isle.

J'en fus détourné d'abord en y arrivant, par les semences de discorde, qui étoient répanduës parmi les differentes Colonies, persuadé qu'au moindre mécontentement on se serviroit de la chaloupe, pour se séparer les uns

uns des autres; peut être aussi en auroient-ils fait usage pour pirater, & de cette maniere mon Isle seroit devenuë un nid de Brigands, au lieu que j'en voulois faire une Colonie de gens moderez & pieux. Je ne voulus pas leur laisser non plus les deux piéces de canon de bronze, ni les deux petites pieces de tillac, dont mon Neveu avoit chargé le Vaisseau outre le nombre ordinaire. Je les crus sans cela assez forts, & assez bien armez, pour soutenir une guerre défensive, & mon but n'étoit nullement de les mettre en état d'entreprendre des conquêtes, ce qui ne pouvoit que les précipiter à la fin dans les derniers malheurs Pour toutes ces raisons, je laissai dans le Vaisseau, & la chaloupe, & l'artillerie, dans le dessein de les leur rendre utiles d'une autre maniere.

Voilà tout ce que j'avois à dire de mes Colonies que je quittai dans un état florissant & je revins à bord l.... de.... après avoir été 25 jours dans l'Isle, & promis à mes gens, qui avoient pris la résolution d'y rester jusqu'à ce que je les en tirasse, de leur envoyer du Brezil de nouveaux secours, si j'en trouvois quelque occasion. Je m'étois engagé sur tout à leur faire avoir quelque bétail, vaches, moutons, cochons, &c. car pour les deux vaches & le veau, que j'avois fait embarquer en Angleterre, la longueur de nôtre voyage nous avoit obligez de les tuer, au milieu de la mer, n'ayant plus dequoi les nourrir.

Le

Le jour après nous fimes voile après avoir salué les Colonies de cinq coups de Canon, & nous vinmes dans la Baye de Tous-les-Saints dans le Brezil en vingt-deux jours de tems, sans rencontrer rien qui soit digne de remarque, excepté une seule particularité.

Le troisième jour après avoir mis à la voile, la mer étant calme, & le courant allant avec force vers l'Est-Nord-Est, nous fumes quelque peu entraînez hors de nôtre cours, & nos gens crierent jusqu'à trois fois: *Terre du côté de l'Est*, sans qu'il nous fût possible de savoir si c'étoit le Continent, ou des Isles. Vers le soir, nous vîmes la mer du côté de la terre toute couverte de quelque chose de noir, que nous ne pûmes pas distinguer; mais nôtre Contre-Maître étant monté dans le grand mâts, avec une Lunette d'aproche, se mit à crier que c'étoit toute une *armée*. Je ne savois pas ce qu'il vouloit dire avec *son armée*, & je le traitai d'extravagant: » Ne vous fâchez pas, Monsieur, *dit il*, » c'est une armée navale, je vous en réponds. Il y a plus de mille canots, & je » les vois distinctement venir tout droit à » nous. «

Je fus un peu surpris de cette nouvelle, aussi bien que mon Neveu le Capitaine, qui avoit entendu raconter dans l'Isle, de si terribles choses de ces Sauvages, & qui n'ayant jamais été dans ces mers, ne savoit qu'en
pen-

penser. Il s'écria deux ou trois fois, que nous devions nous attendre à être devorez. J'avouë, que voyant la mer calme, & le courant, qui nous portoit vers le rivage; je n'étois pas sans frayeur. Je l'encourageai pourtant, en lui conseillant de laisser tomber l'ancre, aussi tôt qu'il verroit inévitable d'en venir aux mains avec ces Barbares.

Le calme continuant, & cette flotte étant fort proche de nous, je commandai qu'on jettât l'ancre, & qu'on ferlât les voiles; j'assurai en même tems l'Equipage, qu'on ne devoit rien craindre des Sauvages, sinon qu'ils ne missent le feu au Vaisseau, & que pour les en empêcher il falloit remplir les deux chaloupes d'hommes bien armez, & les attacher de bien près, l'une à la Poupe & l'autre à la Proue. Cet expédient ayant été aprouvé, je fis prendre à ceux des chaloupes un bon nombre de *Seaux*, pour éteindre le feu, que les Barbares pourroient s'efforcer de mettre au dehors du Navire.

Nous attendîmes les ennemis dans cette posture, & bien-tôt nous les vîmes de fort près; je ne crois pas que jamais un plus horrible spectacle se soit offert aux yeux d'un Chrétien. Il est vrai que le Contre-Maître s'étoit fort trompé dans son calcul: au lieu de mille canots, il n'y en avoit à peu près que cent vingt-six; mais ils étoient tellement chargez, que quelques-uns contenoient jusqu'à 17. personnes, & que les plus petits

Tome IV. D étoient

étoient montez de sept hommes tout au moins.

Ils s'avançoient hardiment, & paroissoient avoir le dessein d'environner le Vaisseau de tous côtez : mais nous ordonnâmes à nos chaloupes de ne pas permettre qu'ils approchassent trop.

Cet ordre même nous engagea contre nôtre intention dans un combat avec ces Sauvages. Cinq ou six de leurs plus grands canots aprocherent tellement de la plus grande de nos chaloupes, que nos gens leurs firent signe de la main de se retirer. Ils le comprirent fort bien, & ils le firent, mais tout en se retirant ils lancerent une cinquantaine de javelots contre nous, & blesserent dangereusement un de nos hommes.

Je criai pourtant à ceux des chaloupes de ne point faire feu, & je leur fis jetter un bon nombre de planches, pour se couvrir contre les fléches des Sauvages en cas qu'ils vinssent à en tirer de nouveau.

Environ une démie heure après, il avancerent sur nous tous en corps du côté de la Poupe, sans que nous pussions d'abord deviner leur dessein. Ils aprocherent assez, pour que je visse sans peine que c'étoient de mes vieux amis ; je veux dire de ces Sauvages, avec lesquels j'avois été souvent aux mains. Un moment après ils s'éloignerent de nouveau, jusqu'à ce qu'ils fussent tous ensemble directement oposez à un des côtez de nôtre
Na-

Navire, & alors ils firent force de rames pour venir à nous. Ils aprocherent si fort effectivement qu'ils pouvoient nous entendre parler, & là-dessus je commandai à tout l'Equipage de se tenir en repos, jusqu'à ce qu'ils tirassent leurs fléches une seconde fois, mais qu'on tint le canon tout prêt.

En même tems j'ordonnai à *Vendredi* de se mettre sur le tillac, pour les arraisonner, & pour leur demander quel étoit leur dessein. Je ne sçai pas s'ils l'entendirent, mais je sçai bien, que cinq ou six de ceux qui étoient dans les canots les plus avancez, nous montrerent leur derriere tout nud, comme s'ils nous vouloient prier gracieusement de les leur baiser. Si c'étoit seulement une marque de mépris, ou si par là ils nous défioient, & donnoient le signal aux autres, c'est ce que j'ignore, mais immédiatement après *Vendredi* s'écria, qu'il alloient tirer, & malheureusement pour le pauvre garçon, ils firent voler dans le Vaisseau plus de trois cens fléches, dont personne ne fut blessé que mon fidéle valet lui-même, qui à mes yeux eut le corps percé de trois fléches, ayant été le seul qui fut exposé à leur vûë.

La douleur que me causoit la perte de ce vieux compagnon de tous mes travaux, me porta à un violent desir de vengeance. J'ordonnai d'abord qu'on chargeât cinq canons à cartouche, & quatre à boulets, & nous leur donnâmes une telle bordée, que le souvenir leur en est resté certainement pendant toute leur vie.

Ils n'étoient éloignez de nous, que de la moitié de la longueur d'un cable, & nos canoniers viserent si juste, que quatre de leurs canots furent renversez selon toutes les aparences d'un seul & même coup.

Ce n'étoit pas le *sot compliment* qu'ils nous avoient fait, qui avoit excité ma colere, nous n'en comprenions pas le sens, & tout ce que j'avois résolu de faire, pour les punir de leur impolitesse, c'étoit de les effrayer, en tirant quatre ou cinq canons chargez seulement de poudre. Mais voyant la décharge furieuse qu'ils nous faisoient sans raison, & la mort du pauvre *Vendredi*, qui méritoit si bien toute mon estime, & toute ma tendresse, je crus être en droit devant Dieu & devant les hommes, de repousser la force par la force, & j'aurois été charmé même d'abîmer tous leurs canots.

Quoiqu'ils en soit, nôtre bordée fit une exécution terrible; je ne saurois dire précisément combien nous en tuâmes; mais il est certain que jamais il n'y eut dans une multitude de gens une pareille frayeur & une consternation semblable. Il y avoit treize ou quatorze de leurs canots tant brisez que renversez, & coulez à fonds, & ceux qui les avoient montez, étoient tuez en partie, & en partie ils tâchoient de se sauver à la nage.

Les autres étoient hors de sens à force d'ê-
tre

tre effrayez, & ne songeoient qu'à s'éloigner sans se mettre en peine de leurs camarades, dont les canots avoient été coulez à fonds, ou ruinez par nôtre canon. Leur perte par conséquent doit avoir été considérable; nous n'en prîmes qu'un seul, qui nageoit encore dans la mer une heure après le combat.

Leur fuite fut si précipitée, que dans trois heures ils furent absolument hors de la portée de nos yeux, excepté trois ou quatre canots qui faisoient eau selon toutes les apparences, & qui ne pouvoient pas suivre le gros avec la même rapidité.

Nôtre prisonnier étoit tellement étourdi de son malheur, qu'il ne vouloit ni parler, ni manger, & nous crûmes tous qu'il se vouloit faire mourir de faim. Je trouvai pourtant un moyen de lui faire revenir la parole en faisant semblant de le faire rejetter dans la mer, & de le remettre dans l'état où on l'avoit trouvé, s'il vouloit s'obstiner à garder le silence. On fit plus, on le jetta effectivement dans la mer, & l'on s'éloigna de lui. Il suivit la chaloupe en nageant, & y étant rentré à la fin il devint plus traitable, & commença à parler, mais dans un langage dont personne de nous ne pouvoit entendre un seul mot.

Un vent frais s'étant levé, nous remîmes à la voile, tout le monde étant charmé de s'être tiré de cette affaire, horsmis moi, qui étois au désespoir de la perte de *Vendredi* & qui aurois souhaité de retourner à l'Isle, pour

en

en tirer quelqu'autre propre à me servir, mais c'étoit une chose impossible, & il falloit suivre nôtre route. Nôtre Prisonnier cependant commençoit à comprendre quelques mots Anglois, & à s'aprivoiser avec nous. Nous lui demandâmes alors de quel Païs il étoit venu avec ses compagnons, mais il nous fut impossible d'entendre un mot de sa réponse. Il parloit du gosier d'une maniere si creuse & si étrange, qu'il ne paroissoit pas seulement former des sons articulez; & nous crumes tous qu'on pouvoit parfaitement bien parler cette Langue-là avec un baillon dans la bouche. Nous ne pumes pas remarquer qu'il se servit des dents, des lévres, de la langue, ni du Palais : ses paroles ressembloient aux differents tons qui sortent d'un cor de chasse. Il ne laissa pas, dans quelque tems de-là, d'aprendre un peu d'Anglois, & alors il nous fit entendre, que la flote, qui nous avoit attaquez, avoit été destinée par leurs Rois pour leur donner une grande bataille. Nous lui demandâmes, combien de Rois ils avoient donc? Il dit, qu'ils étoient cinq Nations, & qu'ils avoient cinq Rois, & que leur dessein avoit été d'aller combattre deux Nations ennemies. Nous lui demandâmes encore, par quelle raison ils s'étoient aprochez de nous? & nous sûmes de lui, que leur intention n'avoit été d'abord que de contempler une chose aussi merveilleuse, que nôtre Vaisseau le leur avoit paru. Tout cela fut ex-
pri-

primé dans un Langage, plus mauvais encore que ne l'avoit été celui de *Vendredi* quand il commença à s'énoncer en Anglois.

Il faut que je dise encore un mot ici du pauvre g   ns du fidele *Vendredi* ; nous lui rendîn e   derniers honneurs, avec toute la solemnité possible ; nous le mîmes dans un cercueïl, & après l'avoir jetté dans la mer, nous prîmes congé de lui par onze coups de canon. C'est ainsi que finit la vie du meilleur & du plus estimable de tous les Domestiques.

Continuant nôtre voyage avec un bon vent, nous découvrîmes la terre, le douziéme jour après cette avanture, au cinquième Dégré de Latitude Méridionale : c'étoit la Partie de toute l'Amérique, qui s'avance le plus vers le Nord-Est. Nous fimes cours vers le *Sud quart à l'Est*, en ne perdant point le rivage de vûë pendant quatre jours, à la fin desquels nous doublâmes le Cap de St. Augustin, & trois jours après nous laissâmes tomber l'ancre dans la Baye de Tous-les Saints ; l'endroit, d'où étoit venuë toute ma bonne & toute ma mauvaise fortune.

Jamais Vaisseau n'y étoit venu, qui y eût moins d'affaires, & cependant nous n'obtinmes qu'avec beaucoup de peine, d'avoir la moindre correspondance avec les Habitans du Païs ; ni mon Associé, qui faisoit dans ce Païs une très-belle figure, ni mes deux Facteurs, ni le bruit de la maniere miraculeuse, dont j'avois été tiré de mon desert, ne me pu-

purent obtenir cette faveur. Mon Associé à la fin, se-souvenant, que j'avois donné autrefois 500. *Moïdores* au Prieur du Monastere des Augustins, & deux cens anx pauvres, obligea ce Religieux d'aller parler au Gouverneur, & de lui demander la permission d'aller à terre, pour moi, le Capitaine, & huit autres hommes. On nous l'accorda, mais à condition, que nous ne débarquerions aucune denrée, & que nous n'emmenerions personnes de-là sans une permission expresse.

Ils nous firent observer ces conditions avec tant de sévérité, que j'eus toutes les peines du monde à faire venir à terre trois balles de draps fins, d'étoffes, & de toiles que j'avois aportées exprès pour en faire present à mon Associé.

C'étoit un homme très généreux, & qui avoit de fort beaux sentimens, quoique, tout comme moi, il eût eu d'abord peu de chose Sans sçavoir que j'eusse le moindre dessein de lui faire un present, il m'envoya à bord du vin & des confitures, pour plus de 30. *Moïdores*, & il y ajoûta du tabac, & quelques belles médailles d'or. Mon présent n'étoit pas de moindre valeur que le sien, & lui devoit être très-agréable ; j'y joignis la valeur de cent livres sterling en mêmes Marchandises; mais dans une autre vûe, & je le priai de faire dresser ma chaloupe, afin de l'employer pour envoyer à ma Colonie, ce que je lui avois promis.

L'as

L'affaire fut faite en fort peu de jours, & quand ma barque fut toute équipée, je donnai au Pilote de telles instructions pour trouver mon Isle, qu'il étoit absolument impossible qu'il la manquât : aussi la trouva-t-il, comme j'ai apris dans la suite, par les Lettres de mon Associé.

En moins de rien elle fut chargée de la cargaison, que je destinois à mes gens, & un de nos Matelots, qui avoit été à terre avec moi dans l'Isle, s'offrit d'aller avec la chaloupe, & de s'établir dans ma Colonie, pourvû que j'ordonnasse par une lettre au Gouverneur Espagnol, de lui donner des habits, du terrain, & des outils nécessaires pour commencer une Plantation ; ce qu'il entendoit fort bien, ayant été *Planteur* autrefois à *Mary-Land*, & Boucanier par dessus le marché.

Je l'encourageai dans ce dessein, en lui accordant tout ce qu'il me demandoit, & en lui faisant présent de l'Esclave, que nous avions pris dans la derniere rencontre ; & je donnai ordre au Gouverneur Espagnol de lui donner une portion de tout ce qui lui étoit nécessaire, égale à celle qui avoit été distribuée aux autres.

Quand la chaloupe fût prête à mettre en mer, mon Associé me dit, qu'il y avoit là un *Planteur* de sa connoissance fort brave homme, mais qui avoit eu le malheur de s'attirer la disgrace de l'Eglise : *Je n'en sai* pas trop bien la raison, me dit-il, mais je le crois hérétique, dans le fond du cœur, & il a été obligé de se cacher, pour ne pas tomber entre les mains de l'Inquisition. Il seroit charmé de trouver cette occasion d'échapper avec sa femme, & avec ces deux filles; & si vous voulez lui donner le moyen de commencer une Plantation dans vôtre Isle, je lui donnerai quelque argent pour commencer; car les Officiers de l'Inquisition ont saisi tous ses effets, & il ne lui reste rien que quelques meubles & deux Esclaves. Quoique je haïsse ses principes, ajouta-t-il, je serois fâché qu'il tombât entre leurs mains, car il est certain, qu'il seroit brûlé tout vif.

J'y consentis dans le moment, & nous cachâmes ce pauvre homme avec toute sa famille dans nôtre Vaisseau, jusqu'à ce que la chaloupe fut prête à partir, & alors nous y mîmes toutes ses hardes, & nous l'y menâmes lui-même, dès qu'elle fut sortie de la Baye.

Le Matelot qui avoit pris le même parti, fut charmé de se voir un pareil compagnon. Ils étoient à peu près également riches; ils avoient quelques outils nécessaires pour commencer une Plantation, & voilà tout. Néanmoins ils avoient avec eux quelques plantes de Cannes de sucre, avec les matériaux nécessaires pour en tirer de l'utilité; & l'on m'assuroit que le Planteur Portugais prétendu Hérétique, entendoit parfaitement tout ce qui concerne cette sorte de Plantations.

Ce que j'envoyois de plus considérable à mes Sujets, consistoit, en 3. Vaches à lait, 5. Veaux, 22. Porcs, 3. Truyes pleines, deux Cavales, & un Cheval entier.

Outre cela, pour faire plaisir à mes Espagnols, je leur envoyois 5. femmes Portugaises, en les priant de leur donner des époux, & de les traiter avec douceur. J'aurois pu leur en faire avoir un plus grand nombre, mais je savois que mon Portugais persécuté avoit avec lui deux filles, & qu'il n'y avoit que cinq Espagnols en état de se marier, puisque les autres avoient des femmes dans leur Patrie.

Toute cette cargaison arriva en bon état dans l'Isle, & que l'on croira sans peine qu'elle y fût reçuë avec plaisir par mes sujets, qui avec cette addition se trouvoient alors au nombre de 60. ou de 70. sans les petits enfans, qui étoient, en grande quantité, comme j'apris ensuite au retour de mes Voyages, par des Lettres que je reçûs à Londres, par la voye de Portugal.

Il ne me reste pas un mot à dire à présent de mon Isle, & quiconque lira le reste de mes Mémoires, fera fort bien de n'y songer plus, & de s'attaquer entierement aux folies d'un Vieillard, qui ne devient pas plus sage, ni par ses propres malheurs, ni par les malheurs d'autrui; d'un vieux imbecille, dont les passions ne sont pas amorties par quarante ans de misere & de disgraces, ni satisfaites par une prosperité, qui surpasse ses esperances mêmes.

Je n'étois non plus obligé d'aller aux Indes, qu'un homme qui est en liberté, & qui n'est pas coupable d'aucun crime, est obligé d'aller au Geolier de *Newgate*, pour le prier de l'enfermer parmi les autres prisonniers, & de le laisser mourir de faim.

Puisque j'avois une si grande tendresse pour mon Isle, j'aurois pû prendre un petit Vaisseau, pour m'y en aller directement, j'aurois pû le charger de tout ce que j'avois embarqué dans le Vaisseau de mon Neveu, & j'aurois pû prendre avec moi une patente du Gouvernement, pour m'assurer la proprieté de mon Isle, en la soumettant au *Haut Domaine* de la Grand'-Bretagne. J'aurois pu y transporter du Canon, des munitions, des Esclaves, des Planteurs; j'aurois pu y faire une Citadelle au nom de l'Angleterre, & y établir une Colonie stable & florissante. Ensuite pour agir par principe, & en homme sage, je devois m'y fixer moi même, renvoyer mon petit Navire chargé de bon ris, comme il m'étoit aisé de le faire en six mois de temps, & prier mes correspondants de le charger de nouveau, de tout ce qui pourroit être utile & agréable à mes Sujets. Malheureusement je n'avois pas des vûës si raisonnables, je n'étois pas touché des avantages considérables que j'aurois pu trouver dans un pa-

pareil établissement ; j'étois possédé seulement par un *Démon Avanturier*, qui me forçoit à courir le monde simplement pour courir. Il est vrai que je me plaisois fort à être le bienfaicteur de mes Sujets, à leur faire du bien par ma propre Autorité, sans dépendre d'aucun Souverain, enfin à representer ces anciens Patriarches, qui étoient les Rois de leurs familles. Je n'avois pas des desseins plus étendus ; je ne songeois pas même à donner un nom à l'Isle ; mais je l'abanbonnai comme je l'avois trouvée, n'apartenant proprement à personne, & sans établir aucune forme de Gouvernement parmi mes gens. Quoi qu'en qualité de Pere & de bien faicteur j'eusse quelque influence sur leur conduite, je n'avois pourtant sur eux qu'une *Autorité précaire*, & ils n'étoient obligez de m'obéir que par les régles de la bienséance. Passe encore, si j'avois resté avec eux ; les affaires auroient pû prendre un bon train, mais comme je les plantois là pour reverdir, sans remettre jamais le pied dans l'Isle tout devoit tomber nécéssairement dans le désordre. C'est ce qui arriva précisément, à ce que j'apris dans la suite, par une Lettre de mon Associé, qui y avoit envoyé de nouveau une chaloupe. Je ne reçûs cette Lettre que cinq ans après qu'elle avoit été écrite, & je vis que les affaires de ma Colonie ne faisoient que des progrès très-chetifs ; que mes gens étoient fort las de rester dans cet endroit ; qu'Atkins étoit mort ; que cinq Espagnols s'en étoient allez ; que quoiqu'ils n'eussent pas reçû de grandes insultes de la part des Sauvages, ils ne laissoient pas d'avoir eu quelques petits combats avec eux. Enfin qu'ils l'avoient conjuré de m'écrire, que je me souvinsse de ma promesse de les tirer de-là, & de leur procurer le plaisir d'aller mourir dans leur patrie.

Mes courses & mes nouvelles disgraces ne me laisserent pas le loisir de me souvenir de cet engagement, ni de tout autre chose, qui concernât l'Isle, & ceux qui veulent savoir le reste de mes Avantures, n'ont qu'à me suivre dans une nouvelle carriere de folies & de malheurs : ils pourront du moins apprendre par là, que bien souvent le Ciel nous punit en exauçant nos desirs, & qu'il nous fait trouver les plus grandes afflictions en satisfaisant nos vœux les plus ardens.

Que par conséquent aucun homme sage ne se flatte de la force de sa Raison, quand il s'agit de choisir un genre de vie. L'homme est un animal, qui a la vûë bien courte. Ses Passions ne sont pas ses meilleurs amis, & ses penchans les plus vifs sont d'ordinaire ses plus mauvais Conseillers.

Je dis tout ceci, en réfléchissant sur le desir impétueux que je m'étois senti dès ma plus tendre jeunesse, de courir le monde, & sur les malheurs où m'a précipité ce penchant si naturel, qu'il paroissoit être né avec moi. Il m'est aisé de vous rapporter d'une maniere historique, & de vous faire comprendre les effets de ce penchant avec les circonstances, qui l'ont, pour ainsi dire, animé & fait agir ; mais les vûës secrettes de la Providence, en nous permettant de suivre aveuglément des penchans si bisarres, ne sauroient être comprises, que par ceux qui ont pris l'habitude de considérer avec attention les voyes de cette Providence, & de tirer des conséquences pieuses de la Justice de Dieu, & de nos propres égaremens.

Mais je me suis assez étendu sur le ridicule de ma conduite ; il est temps d'en revenir à mon Histoire. Je m'étois embarqué pour les Indes, & j'y fus. Il faut pourtant que j'avertisse ici, qu'avant que de continuer ma course, je fus obligé de me séparer de mon jeune Ecclésiastique, qui m'avoit donné de si fortes preuves de sa pieté. Trouvant là un Navire prêt à faire voile pour Lisbone, il me demanda permission de s'y embarquer ; c'est ainsi qu'il paroissoit prédestiné à n'achever jamais ses voyages. J'y consentis & j'aurois fait sagement de prendre le même parti.

Mais j'en avois pris un autre, & le Ciel fait tout pour le mieux. Si j'avois suivi ce Prêtre, je n'aurois pas eu si grand nombre de sujets d'être reconnoissant envers Dieu, & l'on n'auroit jamais entendu parler de la seconde Partie des *Voyages & des Avantures de* Robinson Crusoe.

Du Brezil nous allâmes tout droit par la

Mer Atlantique au Cap de Bonne-Esperance; nôtre Voyage jusques-là fut passablement heureux, quoique de temps en temps nous eussions les Vents contraires & quelques Tempêtes; mais mes grands malheurs sur mer étoient finis, mes disgraces futures devoient m'arriver par terre, afin qu'il parût, qu'elle peut nous servir de châtiment, aussi bien que la mer, quand il plaît ainsi au Ciel, qui dirige à ses fins les circonstances de toutes les choses.

Comme nôtre Vaisseau étoit uniquement destiné au commerce, nous avions à bord un *Inspecteur* ou *Super-Cargo*, qui en devoit régler tous les mouvemens, après que nous serions arrivez au Cap de Bonne Esperance. Tout avoit été confié à ses soins, & à sa prudence, & il n'étoit limité, que dans le nombre de jours qu'il falloit rester dans chaque Port. Ainsi je n'avois que faire de m'en mêler, ce *Super-Cargo*, & mon neveu le Capitaine délibéroient entr'eux, sûr les différens partis qu'il y avoit à prendre.

Nous ne nous arrêtâmes pas plus longtemps au Cap, qu'il le falloit pour prendre de l'eau fraîche, & les autres choses qui nous étoient nécessaires, & nous nous hatâmes autant qu'il fut possible, pour arriver à la Côte de Coromandel, parce que nous étions informez qu'un Vaisseau de guerre François de 50. piéces, avec deux grands Vaisseaux Marchands avoient pris la route des Indes.

Je

Je savois que nous étions en guerre avec les François, & par conséquent je n'étois pas sans apprehension : heureusement, ils allerent leur chemin, sans que nous en ayons entendu parler dans la suite.

Je m'embarrasserai pas ma narration de la description des lieux, du Journal du Voyage des variations de la Boussole, des Latitudes, des Moussons, de la situation des Ports, & d'autres particularitez qui rendent si ennuyeuses les Relations des Voyages de long cours, & qui sont si inutiles à ceux, qui n'ont pas dessein de faire les mêmes courses.

Il suffira de nommer le païs, & les Ports, où nous nous sommes arrêtez, & de dire ce qui nous y est arrivé de remarquable. Nous touchâmes d'abord à l'Isle Madagascar ; le Peuple y étoit féroce & traître, très-bien armé d'arcs & de lances, dont il se servent avec beaucoup de dexterité. Cependant nous y fûmes fort bien, pendant quelque tems : ils nous traiterent avec civilité, & pour des babioles que nous leur donnâmes, comme des couteaux, des ciseaux, &c. ils nous aporterent onze jeunes bœufs assez petits, mais gras & bons ; nous nous servîmes d'une partie pour la manger, pendant le tems que nous devions nous arrêter là, & nous fimes saler le reste pour la provision du Vaisseau.

Nous fûmes obligez de demeurer là quelque temps, après nous être fournis des vivres, & moi, qui étois curieux de voir de

mes

mes propres yeux ce qui se passoit dans tous les coins de l'Univers, où la providence me menoit, je vins à terre aussi-tôt qu'il me fut possible. Un soir nous debarquâmes dans la Partie Orientale de l'Isle, & les Habitans, qui sont en grand nombre, se presserent autour de nous, & d'une certaine distance, ils nous considererent avec attention. Toutefois étant traitez d'eux jusques-là fort honnêtement, nous ne nous crûmes pas en danger; nous coupâmes seulement trois branches d'arbres que nous plantâmes en terre à quelques pas de nous, ce qui non seulement dans ce Païs là est une marque de paix & d'amitié, mais qui porte encore les Insulaires à faire la même chose de leur côté, pour indiquer qu'ils acceptent la paix. Dès que cette cérémonie est faite, il ne leur est pas permis de passer vos branches, & vous ne sauriez passer les leurs, sans leur déclarer la guerre. De cette maniere chacun est en parfaite sureté derriere ses limites, & la place, qui est entre deux, sert de marché, & de côté & d'autre on y trafique librement. En y allant il n'est pas permis de porter des armes, & les gens du Païs mêmes, avant que d'avancer jusques-là, fichent leurs lances en terre, mais si on rompt la convention, en leur faisant quelque violence, ils sautent d'abord sur leurs armes, & tâchent de repousser la force par la force.

Il arriva un soir que nous étions venus à terre, que les Insulaires s'assemblerent en
plus

plus grand nombre que de coûtume ; mais tout se passa avec la civilité ordinaire. Ils nous aporterent plusieurs provisions qu'ils troquerent contre quelques bagatelles, & leurs femmes mêmes nous fournirent du lait & quelques racines que nous reçûmes avec plaisir ; en un mot tout étoit paisible, & nous resolûmes même de passer tout la nuit à terre, dans une hutte que nous nous étions faite de quelques rameaux.

Je ne sçai pas par quel pressentiment je n'étois pas si content que les autres de rester toute la nuit à terre, & sachant que nôtre chaloupe étoit à l'ancre à un jet de pierre du rivage, avec deux hommes pour la garder, j'en fis venir un à terre, pour couper quelques branches, pour nous en couvrir dans la chaloupe, & ayant étendu la voile je me couchai dessus, à l'abri de cette verdure.

Environ à deux heures après minuit nous entendîmes des cris terribles d'un des mariniers, qui nous prioit au nom de Dieu, de faire approcher la chaloupe, si nous ne voulions pas que tous nos gens fussent massacrez; en même tems j'entendis cinq coups de fusils, qui furent repetez deux fois immédiatement après ; je dis cinq coups, car c'étoit là le nombre de toutes les armes à feu qu'ils avoient. On voit assez par la necessité où ils furent de tirer si souvent, que ces Barbares ne sont pas si effrayez de ce bruit, que ceux
avec

avec qui j'avois à faire dans mon Isle.

M'étant reveillé en sursaut par tout ce tumulte, je fis avancer la chaloupe, & voyant trois fusils devant moi, je pris la résolution d'aller à terre avec mes deux Matelots, & d'assister nos gens attaquez.

Nous fûmes près du rivage en moins de rien ; mais il nous fût impossible d'exécuter nôtre dessein, car nos Matelots poursuivis par trois ou quatre cens de ces barbares, se jetterent dans la mer avec précipitation, pour venir à nous. Ils n'étoient que neuf en tout, n'ayant que cinq fusils : il est vrai que les autres étoient armez de pistolets & de sabres, mais ces armes leur avoient été d'un fort petit usage.

Nous en sauvâmes sept avec bien de la peine, parmi lesquels il y en avoit trois fort blessez. Pendant que nous étions occupez à les faire entrer, nous étions tout aussi exposez qu'eux, car ils nous jetterent une grêle de dards, & nous fûmes obligez de barricader ce côté de la chaloupe avec nos bancs, & quelques planches qui s'y trouvoient par un pur hazard, ou pour mieux dire par un effet de la Providence Divine.

Cependant si l'affaire étoit arrivée en plein jour, ces gens visent si juste, qu'ils nous auroient percez de leurs flêches à moins de nous tenir entierement à couvert. La Lumiere de la Lune nous les faisoit voir peu dinstinctement, pendant qu'ils faisoient voler une quan-

quantité de dards dans nôtre barque. Cependant ayant tous rechargé nos fufils, nous fimes feu deſſus, & leurs cris nous firent aſſez comprendre que nous en avions bleſſé pluſieurs. Cela ne les empêcha pas de reſter fur le rivage, en ordre de bataille juſqu'au matin, fans doute dans la vûë d'avoir meilleur marché de nous, dès qu'ils pourroient nous voir.

Pour nous, nous fumes forcez de reſter dans cet état, fans favoir comment faire pour lever l'ancre, & pour faire voile, ne pouvant pas y réüſſir fans nous tenir debout, ce qui leur auroit donné autant de facilité pour nous tuer, que nous en avons d'abbattre un oifeau qui eſt fur une branche.

Tout ce que nous pûmes faire, c'eſt de donner au Vaiſſeau des ſigneaux, que nous étions en danger, & quoiqu'il fût à une lieuë de-là, mon Neveu entendant nos coups de fufil, & voyant par fa Lunette d'aproche que nous faiſions feu du côté du rivage, comprit d'abord toute l'affaire, & levant l'ancre au plus vîte il vint auſſi près de nous, qu'il fut poſſible. Il nous envoya de-là l'autre chaloupe, avec dix hommes, mais nous leur criâmes de ne pas approcher, en leur apprenant nôtre fituation. Alors un de nos Matelots prenant le bout d'une corde, & nageant entre les deux chaloupes, de maniere qu'il étoit difficile aux Sauvages de l'appercevoir, vint à bord de ceux qui étoient envoyez

voyez pour nous tirer de ce danger. Là-dessus nous coupâmes nôtre petit cable, & laissant l'ancre nous fumes tuez par l'autre chaloupe, jusqu'à ce que nous fussions hors de la portée des fléches. Pendant tout ce temps nous nous étions tenus couchez derriere nôtre barricade.

Dès que nous ne fumes plus entre le Vaisseau & le rivage, le Capitaine donna une bordée terrible aux Barbares, ayant fait charger plusieurs canons à cartouches, & l'execution en fut affreuse.

Quand nous fumes revenus à bord, & hors de danger, nous eumes tout le loisir nécessaire pour examiner la cause de tout ce tintamarre, & de cette rupture subite de la part des Sauvages. Nôtre *Super-Cargo*, qui avoit été souvent de ce côté-là, nous assura, qu'il falloit absolument qu'on eût fait quelque chose pour irriter les Sauvages, qui sans cela ne nous auroient jamais attaquez, après nous avoir reçûs comme amis. La méche fut à la fin découverte, & l'on aprit qu'une vieille femme s'étant avancée au-delà de nos branches, pour nous vendre du lait, avoit eu avec elle une jeune fille, qui aportoit des herbes & des racines; un des Matelots avoit voulu faire quelque violence à la jeune, ce qui avoit fait faire un terrible bruit à la vieille, qui en étoit peut être la Mere, ou la parente. Le Matelot néanmoins n'avoit pas voulu lâcher prise, mais il avoit tâché de
me-

mener la fille au milieu d'un bocage hors de la vûë de la vieille ; celle-là s'étoit retirée là-dessus, pour instruire de cet affront ses compatriotes, qui dans l'espace de trois heures avoient assemblé toute cette armée.

Un de nos gens avoit été tué d'un coup de javelot dès le commencement, dans le tems qu'il sortoit de la hutte faite de branches. Tous les autres s'étoient retirez d'affaire, excepté celui qui avoit été la cause de tout ce malheur, & qui paya bien cher le plaisir, qu'il avoit gouté avec sa noire maîtresse.

Nous ne sûmes pas ce qu'il étoit devenu assez long-tems ; cependant nous voguâmes deux jours par devant le rivage avec nôtre chaloupe, quoique le vent nous exhortât à partir, & nous fimes toute sortes de signaux pour lui faire connoître que nous l'entendions, mais toute cette peine fut inutile, nous le crûmes perdu, & s'il avoit souffert lui seul de sa sotise, le mal n'auroit pas été fort considérable.

Je ne pus cependant me satisfaire là-dessus, sans hazarder d'aller une seconde fois à terre, pour voir si je ne pouvois rien découvrir touchant le sort de ce malheureux. Je résolus de le faire pendant la nuit, de peur d'essuïer une seconde attaque des Noirs. Mais je fus fort imprudent en me hazardant de mener avec moi une troupe de Mariniers féroces, sans m'en être fait donner le commandement, ce qui m'engagea malgré moi dans une entre-
pri-

prise aussi ma[l]heureuse que criminelle.

Nous choisimes, le *Super Cargo*, & moi, vingt des plus déterminez garçons de tout l'équipage, & nous débarquâmes dans le même endroit, où les Indiens s'étoient assemblez, quand ils nous avoient attaquez avec tant de fureur. Mon dessein étoit de voir, s'ils avoient quitté le Champ de Bataille, & d'en surprendre quelques-uns, s'il étoit possible, afin de les échanger contre le Matelot en question, si par hazard il vivoit encore.

Etant venus à terre sans aucun bruit à 10. heures du soir nous partageâmes nos gens en deux pelotons, dont je commandai l'un, & le *Bosseman* l'autre. Nous ne vîmes, ni n'entendîmes personne d'abord, & nous nous avançâmes, en laissant quelque distance entre nos deux petits corps. Vers l'endroit où l'action s'étoit passée nous n'y découvrîmes rien d'abord à cause des tenebres; mais quelques momens après nôtre Bosseman tomba à terre, ayant donné du pied contre un Cadavre. Là-dessus il fit halte jusqu'à ce que je l'eusse joint, & nous résolumes de nous arrêter-là en attendant la levée de la Lune, qui devoit venir sur l'Horison en moins d'une heure de temps. C'est alors que nous découvrîmes distinctement le carnage, que nous avions fait, parmi les Indiens, nous en vîmes 32. à terre, parmi lesquels il y en avoit deux, qui respiroient encore. Les uns avoient le bras emporté, les
au-

autres la jambe, & les autres la tête, & nous suppoſames qu'on avoit emporté ceux, qui avoient été bleſſez, & qu'on avoit eſperé de pouvoir guerir.

Après avoir fait cette découverte, j'étois d'avis de retourner à bord, mais le Boſſeman me fit dire, qu'il étoit réſolu, avec ſes gens, d'aller rendre une viſite à la ville, où ces Chiens d'Indiens demeuroient, & fit prier de l'y accompagner, ne doutant point que nous n'y puſſions faire un butin conſidérable, & avoir des nouvelles de *Thomas Jeffery* ; c'étoit-là le nom du Matelot, que nous avions perdu.

S'ils m'avoient demandé permiſſion de tenter cette entrepriſe, je ſai bien que je leur aurois ordonné poſitivement de ſe rembarquer, mais ils ſe contenterent de me faire ſavoir leur intention, & de me prier d'être de la partie. Quoique je ſuſſe combien un tel deſſein, où l'on pouvoit perdre beaucoup de monde, étoit préjudiciable à un vaiſſeau, dont l'unique but étoit d'aller négocier, je n'avois pas l'autorité néceſſaire pour détourner le coup, je me contentai de leur refuſer de les accompagner, & j'ordonnai à ceux qui me ſuivoient de rentrer dans la chaloupe. Deux ou trois de ces derniers commencerent d'abord à murmurer contre cet ordre, & de dire qu'ils vouloient aller en dépit de moi, & que je n'avois aucun commandement ſur eux. *Allons Jean*, s'écria l'un, *veux tu y venir*, *pour moi j'y vais certainement*. Jean répondit qu'il le vouloit bien. Il fut suivi d'un autre, & celui-là d'un autre encore, ensorte qu'ils m'abandonnerent tous horsmis un seul que je priai instamment de rester. Il n'étoit demeuré dans la chaloupe, qu'un seul *Mousse*; ainsi il n'y avoit que ce Matelot, le *Super-Cargo* & moi, qui retournâmes vers la chaloupe, où nous avertîmes les autres, que nous resterions, pour la garder, & pour en sauver autant, qu'il nous seroit possible. Je leur répetai encore, qu'ils entreprenoient le dessein du monde le plus extravagant, & qu'ils pourroient bien avoir la même destinée que *Jeffery*.

Ils me répondirent en vrais Mariniers, qu'ils agiroient prudemment, & qu'ils me garantissoient qu'ils en viendroient à bout à leur honneur. J'avois beau leur mettre devant les yeux les interêts du vaisseau, & que leur conduite étoit inexcusable devant Dieu & devant les hommes; c'étoit autant que si j'avois parlé au grand mât du navire, ils me donnerent seulement de bonnes paroles, & m'assurerent qu'ils seroient de retour dans une heure au plus tard. La ville des Indiens n'étoit, à ce qu'ils me dirent, qu'à un demi mille du rivage, mais ils trouverent qu'elle en étoit éloignée de plus de deux grands milles.

C'est ainsi, qu'ils s'en allerent tous, & quoique leur entreprise fût extravagante au suprême degré, il faut avouer pourtant, qu'ils s'y pri-

prirent avec toute la précaution possible. Ils étoient tous parfaitement bien armez, car outre un fusil ou un mousquet, ils avoient chacun un pistolet & une bayonnette; quelques-uns s'étoient munis avec cela de sabres, & le Bosseman & deux autres avoient des haches d'armes. D'ailleurs ils étoient pourvus tous ensemble de treize Grenades; en un mot jamais gens plus hardis & mieux armez n'entreprirent un dessein abominable, & extravagant.

Quand ils s'en allerent, ils n'étoient animez que par le desir du butin, & par l'seperance de trouver de l'or, mais une circonstance, où ils ne s'attendoient pas, les remplit de l'esprit de vengeance, & les changea tous en autant de Diables incarnez. Etant arrivez à un petit nombre de maisons Indiennes, qu'ils avoient pris pour la ville même ils se virent fort éloignez de leur compte, puisqu'il n'y avoit là que 13. huttes, & qu'il leur étoit impossible de savoir la situation, & la grandeur de la Ville, qu'ils avoient dessein de saccager.

Ils délibererent long-temps sans savoir quel parti prendre. S'ils attaquoient ce hameau, il falloit égorger tous les habitans sans qu'il en échappât un seul, pour donner l'allarme à la Ville, ce qui leur attireroit toute une armée, & s'ils laissoient ces gens-là en repos, il leur étoit absolument impossible de trouver le chemin de la Ville;

F 2 &

& d'executer leur beau projet.

Ils choisirent pourtant ce dernier parti, résolus de chercher la Ville le mieux qu'il leur seroit possible. Après avoir marché quelques momens, ils trouverent une vache attachée à un arbre, & ils résolurent d'abord de s'en faire un Guide. Voici comme ils raisonnerent ; ou la vache appartient au Hameau, ou à la ville. Si elle est déliée, elle cherchera son étable sans doute. Si elle retourne en arriere, nous n'avons rien à lui dire, elle nous est inutile absolument ; mais si elle va en avant, nous n'avons qu'à la suivre ; elle nous menera indubitablement où nous voulons être. Là-dessus ils couperent la corde, & virent avec plaisir la vache marcher devant eux. Pour faire court, elle les mena tout droit vers la Ville, qu'ils virent composée à peu près de 200. Cabanes, dont quelques-unes contenoient plusieurs familles.

Ils y trouverent un profond silence, & tout le monde endormi tranquillement comme dans un endroit, qui n'avoit jamais été exposé aux attaques de quelque ennemi. Ils tinrent alors un nouveau Conseil de guerre, & ils résolurent de se partager en trois corps, de mettre le feu à trois maisons dans les trois différentes parties du Bourg, & de choisir & de garotter les gens, à mesure qu'ils sortiroient de leurs maisons embrazées. Si quelqu'un leur résistoit, leur parti étoit tout pris Au reste le pillage étoit leur grand but, & ils
étoient

étoient bien résolus, de s'en acquiter avec toute l'ardeur imaginable. Ils trouverent bon pourtant de commencer par visiter toute la ville, sans faire le moindre bruit, afin d'en examiner l'étenduë, & de juger de là si leur dessein étoit pratiquable, ou non.

Après l'avoir fait il se déterminerent hardiment à tenter fortune, mais tandis qu'ils s'animoient les uns contre les autres, les trois qui s'étoient le plus avancez, se mirent à crier tout haut qu'ils avoient trouvé *Thomas Jeffery*, ce qui fit courir tous les autres de ce côté-là. Ils trouverent effectivement ce malheureux, à qui on avoit coupé la gorge, pendu par un bras tout nud. Il y avoit près de là une maison Indienne, où se trouvoient plusieurs des Principaux de la Ville, qui avoient été dans le combat, & dont quelques uns avoient été blessez. Nos gens virent qu'ils étoient éveillez, puisqu'ils parloient les uns les autres, mais il leur étoit impossible d'en savoir le nombre.

Le spectacle de leur camarade égorgé leur donna une telle fureur, qu'ils jurerent les uns aux autres de s'en vanger, & de ne donner quartier à aucun Indien; qui tomberoit entre leurs mains; & dans le moment même ils mirent la main à l'œuvre. Comme les maisons étoient basses & toutes couvertes de chaume il ne leur fut pas difficile d'y mettre le feu, & en moins d'un quart d'heure, toute la Ville brûloit en quatre ou cinq differents endroits;

d'roits. Ils n'oublierent pas sur tout la Cabane où se trouvoient les Indiens éveillez, dont je viens de faire mention. Dès que le feu commença à y prendre, les pauvres gens effrayez chercherent la porte pour se sauver, mais ils y rencontrerent un danger, qui n'étoit pas moindre, & le Bosseman en tua deux de sa propre main avec sa hache d'armes. La maison étant grande, & remplie de gens, il ne voulu pas y entrer pour en achever le massacre, mais il y jetta une Grenade, qui les effraya d'abord, mais qui en crevant ensuite leur fit pousser les cris les plus lamentables.

La plûpart des Indiens qui se trouvoient dans cette maison furent tuez, ou blessez par la Grenade, excepté deux ou trois, qui voulurent de nouveau sortir par la porte, où ils furent reçus par le Bosseman & par deux autres la bayonnette au bout du fusil & miserablement massacrez. Il y avoit dans la maison un autre appartement plus reculé, où se trouvoit le Roi, ou le Capitaine General de cette Ville, avec quelques autres. Nos gens les forcerent d'y rester, jusqu'à ce que la maison consumée par les flammes leur tombât sur la tête, & les écrasât.

Pendant toute cette exécution, ils ne tirerent pas un seul coup de fusil, ne voulant éveiller le peuple qu'à mesure qu'ils étoient en état de le dépêcher; mais le feu les fit sortir du sommeil assez vîte, ce qui força les Anglois à se tenir ensemble en petits corps;

corps ; l'incendie ne trouvant que des matieres extrêmement combustibles, se répandit en moins de rien au long, & au large, & rendit les ruës, entre les maisons, presque impraticables. Il falloit pourtant suivre le feu, pour exécuter cet affreux dessein, avec plus de sureté, & dès que la flamme faisoit sortir les habitans hors de leurs maisons, ils étoient d'abord assommez par mes furieux, qui, pour tenir leur rage en haleine, ne faisoient que crier les uns aux autres, de se souvenir du pauvre *Jeffery*.

Pendant tout ce temps-là j'étois dans de fort grandes inquiétudes, particulierement quand je vis l'incendie, que l'obscurité de la nuit me faisoit paroître, comme s'il n'étoit qu'à quelques pas de moi.

D'un autre côté mon Neveu le Capitaine qui avoit été éveillé par ses gens, voyant ces flammes en fut dans une surprise extraordinaire ; il n'en pouvoit pas deviner la cause, & il craignit fort que je ne fusse dans quelque grand danger, aussi bien que le *Super-Cargo*. Mille pensées lui rouloient dans l'esprit, & enfin, quoiqu'il ne pût qu'à peine tirer plus de monde du vaisseau, il résolut de se jetter dans l'autre chaloupe, & de venir à nôtre secours lui-même avec treize hommes.

Il fut fort étonné de me trouver avec le **Super-Cargo** dans la chaloupe accompagnez seulement d'un seul Matelot, & du Mousse. Quoi qu'il fût fort aise de nous voir sains & saûfs, saufs, il étoit très-impatient de savoir ce qui se passoit à l'égard des autres. La flamme s'augmentoit de moment à autre, & nos gens ayant commencé à se servir de leurs armes à feu, les fréquents coups de fusils que nous entendions ne pouvoient que nous donner la plus grande curiosité, pour une affaire, où nous étions si fort interressez.

Le Capitaine ayant pris sa résolution me dit qu'il vouloit aller donner du secours à ses gens, quelque chose qui en put arriver. Je tâchai de l'en détourner par les mêmes raisons, que j'avois employées contre les autres; je lui alléguai le soin qu'il devoit avoir de son Vaisseau, l'interêt des Propriétaires, & la longueur du voyage &c. & je m'offrois d'aller reconnoître avec les deux hommes, qui m'étoient restez, pour découvrir de quelque distance, quel devroit être probablement l'évenement de cette affaire, & pour l'en venir informer au plus vîte.

C'étoit haranguer un sourd; mon Neveu étoit aussi incapable d'entendre raison que tout le reste. Il vouloit y aller, me dit-il, & il étoit fâché d'avoir laissé plus de dix hommes dans le Vaisseau. Il n'étoit pas homme à laisser périr ses gens faute de secours, il étoit résolu de leur en donner, quand il devroit perdre le Vaisseau, & la vie même.

Dans ces circonstances, bien loin de persuader le Capitaine de rester là, je fus obligé de le suivre. Il ordonna à deux hommes de
s'en

s'en retourner à bord avec la Pinasse, & d'aller chercher encore 12. de leurs camarades, dont six devoient garder les chaloupes pendant que les six autres marcheroient vers la ville. De cette maniere il ne devoit rester que 16. hommes dans le Vaisseau, dont tout l'équipage ne consistoit qu'en 65. hommes, desquels deux avoient été tuez dans la premiere action.

Ces ordres étant donnez, nous nous mîmes en marche, & guidez par le feu nous allâmes tout droit vers la ville. Si les coups de fusil nous avoient étonnez de loin, nous fumes remplis d'horreur quand nous fumes près de là par les cris des malheureux habitans, qu'on traitoit d'une maniere si affreuse.

Je n'avois jamais été present au sac d'une ville ; j'avois bien entendu parler de *Drogheda* en Irlande, où Olivier Cromwel avoit fait massacrer tout le peuple, hommes, femmes, enfans. J'avois vû la description de la prise de Magdebourg par le Comte de Tilly, & du massacre de plus de 22000. personnes de tout sexe, & de tout âge : mais je n'avois vu rien de pareil de mes propres yeux, & il m'est impossible d'en donner une idée, ni d'exprimer les terribles impressions, que cette action abominable fit sur mon esprit.

Parvenus jusqu'à la Ville nous ne vîmes aucun moyen d'entrer dans les ruës ; nous fumes donc obligez de la cotoyer, & le premier objet qui s'offrit à nos yeux, étoient les ruines, ou plûtôt les cendres d'une Cabane, devant laquelle, nous vîmes à la lumiere du feu les cadavres de quatre hommes & de trois femmes, & nous crumes en découvrir quelques autres au milieu des flames. En un mot nous apperçumes d'abord les traces d'une rage si barbare, & si éloignée de l'humanité, que nous crumes impossible que nos gens en fussent les Auteurs, & que nous les jugeames tous dignes de la mort la plus cruelle, s'ils en étoient effectivement coupables.

L'incendie cependant alloit toûjours en avant, & les cris suivoient le même chemin, que le feu, ce qui nous mit dans la plus grande consternation. Quand nous nous fumes avancez de ce côté-là, nous vîmes à nôtre grand étonnement trois femmes nues poussant les cris les plus affreux, s'enfuir de nôtre côté, comme si elles avoient des aîles ; 16. ou 17. hommes du païs suivoient la même route, ayant à leurs trousses 3. ou 4. de nos bouchers Anglois, qui ne pouvant pas les atteindre firent feu sur eux, & en renverserent un tout près de nous. Quand les paufuïards nous découvrirent, ils nous prirent pour un autre corps de leurs ennemis, & firent des heurlemens épouvantables, sur tout les femmes, persuadées que nous allions les massacrer dans le moment.

Mon sang se glaça dans mes veines, quand
je

je vis cet affreux spectacle, & je crois que si nos quatre Matelots étoient venus jusqu'à nous, j'aurois fait tirer dessus. Cependant, nous nous mîmes un peu à l'écart, pour faire comprendre aux pauvres Indiens, qu'ils n'avoient rien à craindre de nous.

Là-dessus ils s'aprocherent, se jetterent à terre, & en levant les mains vers le Ciel, ils sembloient nous demander, par les tons les plus lamentables, de vouloir bien leur sauver la vie.

Nous leur fimes comprendre que c'étoit là nôtre dessein, surquoi ils se mirent tous dans un petit peloton derriere un retranchement. Dans ces entrefaites j'ordonnai à mes gens de se tenir tous ensemble, & de n'attaquer personne, mais de tâcher de saisir quelqu'un de nos gens, pour apprendre de quel Diable ils étoient possedez, & quelle étoit leur intention. Je leur dis encore, que s'ils rencontroient leurs camarades enragez, ils tâchassent de les faire retirer, en les assurant, que s'ils restoient là jusqu'au jour ils se verroient environnez de cent mille Indiens. Là-dessus je les quittai, & suivi seulement de deux hommes, je me mis parmi les pauvres fuïards, que nous avions sauvez. C'étoit la chose du monde la plus triste à voir; quelques-uns avoient les mains brûlées; d'autres avoient les pieds tout grillez à force de courir par le feu. Une des femmes étant tombée en passant par les flâmes avoit le corps à moitié rôti,

& deux ou trois hommes avoient plusieurs coups de sabre dans le dos, & dans les cuisses. Un quatriéme étoit percé de part en part d'un coup de fusil, & rendit l'ame à mes yeux.

J'aurois fort souhaitté d'apprendre les motifs de cet abominable massacre, mais il me fut impossible d'entendre un mot de ce qu'ils me disoient ; tout ce que je pus comprendre par leurs signes c'étoit, qu'ils étoient aussi ignorants là dessus que moi-même. Cette horrible entreprise m'effraïa tellement que je résolus à la fin de retourner vers mes gens, de penetrer dans la ville au travers des flames, & de mettre fin à cette boucherie, à quelque prix que ce fut.

Dans le tems, que je communiquois ma résolution à mes gens, & que je leur ordonnois de me suivre, nous vîmes quatre de nos gens avec le *Bosseman* à leur tête, courir comme des furieux par dessus les corps de ceux qu'ils avoient tuez. Ils étoient tout couverts de sang & de poussiere ; nous leur criâmes de toutes nos forces de venir à nous, ce qu'ils firent dans le moment.

Dès que le Bosseman nous apperçut il poussa un cri de Triomphe, charmé de voir arriver du secours. *Ah mon brave Capitaine*, s'écria-t'il, *je suis ravi de vous voir, nous n'avons pas encore à moitié fait avec ces Diables, avec ces chiens d'Enfer ; j'en tuerai autant que le pauvre Jeffery avoit des cheveux à sa tête ; nous avons juré de n'en épargner pas* tu seul, nous voulons exterminer toute cette abominable Nation. Là-dessus il se remit à courir, tout échauffé & tout hors d'haleine, sans nous donner le temps de lui dire un mot.

Enfin criant de toutes mes forces ; arrête, barbare chien, lui dis-je, je te défends sous peine de la vie de toucher davantage un seul de ces pauvres gens ; si tu ne t'arrêtes, tu es mort dans le moment.

Comment donc, Monsieur, répondit-il, *savez-vous ce qu'ils ont fait? Si vous voulez voir la raison de nôtre conduite, vous n'avez qu'à approcher.* Là-dessus il nous montra le malheureux *Jeffery* égorgé & pendu à un arbre.

J'avoue que ce spectacle étoit capable de me porter à aprouver leur vangeance, s'ils ne l'avoient pas poussée si loin, & je me remis dans l'esprit ces paroles que Jacob adressa autrefois à ses fils *Simeon, & Levi: Maudite soit leur colere, car elle a été féroce, & leur vengeance, car elle a été cruelle.*

Le triste objet que nous venions de voir me donna dans le moment de nouvelles affaires : car ceux qui me suivoient & mon Neveu, en conçurent une rage aussi difficile à moderer, que celle du Bossemin & de ses gens. Mon Neveu me dit, qu'il craignoit seulement que ses gens ne fussent pas les plus forts, & qu'au reste il croyoit qu'il ne falloit pas épargner un seul de ces Indiens, qui tous avoient trempé dans un si abominable meurtre, & qui avoient merité la mort, comme des assassins. Sur ce discours huit des derniers venus volerent sur les pas du Bosseman pour mettre la derniere main à ce cruel attentat, & moi, voyant inutile tout ce que je faisois pour les moderer, je m'en revins triste, & pensif; ne pouvant pas soutenir la vûë de ce meurtre, ni les cris des malheureux qui tomboient entre les mains de nos barbares Matelots.

Je n'étois accompagné que du *Super-Cargo*, & de deux autres hommes, & j'avoue qu'il y avoit bien de l'imprudence à moi de retourner vers nos chaloupes avec si peu de monde. Le jour aprochoit, & l'allarme, qui s'étoit répandue par tout le Païs, avoit rassemblé près du petit hameau une quarantaine d'Indiens armez de lances, d'arcs, & de flêches. Heureusement je manquai cet endroit en allant tout droit au rivage; quand nous y arrivâmes il étoit déja plein jour; nous nous mîmes aussi-tôt dans la *Pinasse* & après être venus à bord nous la renvoyâmes dans la pensée que nos gens pourroient bien en avoir besoin pour se sauver.

Je vis alors que le feu commençoit à s'éteindre & que le bruit cessoit, mais une demie-heure après j'entendis une salve de fusils; j'appris dans la suite, que nos gens l'avoient faite sur les Indiens, qui s'étoient attroupez près du petit hameau. Ils en tuerent

16. ou 17. & mirent le feu à leurs Cabanes, mais ils laisserent en repos les femmes, & les enfans. Lorsque mes gens s'aprochoient du rivage avec la Pinasse, ceux qui venoient de faire cette affreuse expédition commençoient à paroître sur le rivage, sans aucun ordre, répandus çà & là, en un mot dans une telle confusion, qu'ils auroient pu être défaits facilement par un très-petit nombre de gens déterminez.

Heureusement ils avoient jetté la terreur dans tout le païs, & les Indiens étoient si fort effrayez par une attaque si peu attendüe, qu'une centaine de leurs plus braves gens n'auroient pas attendu de pied ferme six de nos Matelots. Aussi dans toute l'action, il n'y en avoit pas un seul qui se défendit. Ils étoient tellement étonnez du feu d'un côté, & de l'attaque de nos gens, de l'autre, que dans l'obscurité de la nuit ils ne sçavoient de quel côté se tourner. S'ils fuïoient d'un côté, ils tomboient dans un de nos petits corps, & s'ils retournoient sur leurs pas, ils en rencontroient un autre, & la mort se présentoit à eux de toutes parts. Aussi dans toute cette affaire aucun de nos gens ne reçut le moindre mal excepté deux dont l'un s'étoit brûlé la main, & dont l'autre s'étoit fait une entorse au pied.

J'étois fort en colere contre tout l'Equipage, mais sur tout contre mon Neveu le Capitaine, qui avoit non seulement négligé son devoir, en hazardant le succès de tout le voyage, dont le soin lui avoit été commis, mais encore, en animant la fureur de ses gens plûtôt que de la calmer. Il répondit à mes reproches, avec beaucoup de respect, en disant, que la vuë de Jeffery égorgé d'une maniere si cruelle l'avoit tellement passionné qu'il n'auroit pas dû s'y laisser entraîner en qualité de Commandant du vaisseau, mais qu'en qualité d'homme il avoit été incapable de raisonner dans cette occasion. Pour les Matelots, comme ils n'étoient pas soumis à mes ordres, ils se soucioient fort peu si leur expédition me déplaisoit ou non.

Le lendemain nous remîmes à la voile, & par conséquent nous ne sumes rien de l'effet qu'avoit produit dans ce peuple l'action barbare de nôtre Equipage. Nos gens différoient dans le calcul qu'ils faisoient de ceux qu'ils avoient tuez, mais on pouvoit juger à peu près par leurs differents raports, qu'ils avoient fait périr environ 150. personnes, hommes, femmes, & enfans. Pour ce qui regarde les maisons, il n'en étoit pas échapé une seule de l'incendie.

Ils avoient laissé là le pauvre Jeffery, parce qu'il étoit inutile de l'emporter avec eux, ils l'avoient seulement détaché de l'arbre, où il avoit été attaché par un bras.

Quoique nos gens crussent leur action fort juste, je n'étois rien moins que de leur sentiment, & je leur dis naturellement que Dieu ne beniroit point nôtre voyage, & qu'il les puniroit du sang, qu'ils avoient répandu, comme d'un massacre execrable ; Que véritablement les Indiens avoient tué Jeffery, mais qu'il avoit été l'aggresseur, & qu'il avoit violé la paix, en abusant d'une fille, qui étoit venue dans nôtre quartier sur *la foi du Traité.*

Le Bosseman défendit sa cause, en disant, que quoique les nôtres semblassent avoir violé la paix, il étoit pourtant certain que les Indiens avoient commencé la guerre, en tirant leurs flêches sur nous, & en tuant de nos gens sans aucune cause raisonnable ; que trouvant l'occasion d'en tirer raison, il nous avoit été permis de le faire, & que les petites libertez que Jeffery avoit prises avec la jeune Indienne n'avoient pas merité qu'on l'égorgeât d'une si cruelle maniere ; que par conséquent ils n'avoient rien fait que de punir des meurtriers, ce qui étoit permis par les Loix divines & humaines.

Qui ne croiroit, qu'une pareille avanture nous eût détournez de nous hazarder encore à terre parmi des Payens & des Barbares ; malheureusement les hommes ne deviennent sages, que par leurs propres disgraces, & jamais leur expérience ne leur est d'un si grand usage, que quand elle leur coûte cher.

Nous étions destinez pour le Golphe de Perse, & de là pour la Côte de Coromandel

& nôtre but n'étoit que d'aller en paſſant à Suratte. Le principal deſſein du *Super-Cargo* regardoit la *Baye de Bengale*, & s'il ne trouvoit pas occaſion d'y faire ſes affaires il devoit aller à la Chine, & revenir à Bengale à ſon retour.

Le premier deſaſtre qui nous arriva fut dans le Golphe de Perſe, où cinq de nos gens étant allez à terre, ſur la Côte, qui appartient à l'Arabie, furent tuez ou emmenez comme Eſclaves par les gens du païs. Leurs compagnons ne furent point en état de les délivrer, ayant aſſez à faire eux-mêmes, pour ſe ſauver dans la chaloupe. Je leur dis naturellement, que je regardois ce malheur comme une punition du Ciel. Mais le Boſſeman me répondit avec chaleur, que j'aurois bien de la peine à juſtifier mes cenſures, & mes reproches, par des paſſages formels de l'Ecriture, & il m'allégua celui où il eſt dit, *que ceux, ſur qui étoit tombée la Tour de Siloé, n'avoient pas été plus grands pécheurs que les autres Galiléens*. Je confeſſe que je ne trouvai rien de ſolide à lui repliquer, ſur tout à cauſe que parmi ceux que nous venions de perdre, il n'y en avoit pas un ſeul, qui eût trempé dans le Maſſacre de Madagaſcar ; je me ſervois toujours de cette expreſſion, quelque choquante qu'elle fût pour tout l'Equipage.

Les Sermons fréquens, que je leur faiſois ſur ce ſujet, eurent de plus mauvaiſes conſéquences pour moi, que je n'avois cru. Le Bosseman, qui avoit été le chef de toute cette entreprise, m'étant venu joindre un jour, me dit d'un ton fort résolu, que j'avois grand tort de remettre toujours cette affaire sur le tapis, & de m'étendre en reproches mal fondez & injurieux; que tout l'Equipage en étoit fort mécontent & lui sur tout, sur lequel j'avois le plus tiré; qu'étant seulement un passager sans aucun commandement dans le vaisseau je ne devois pas m'imaginer, que j'eusse le moindre droit de les insulter, comme je faisois continuellement. *Que savons-nous*, continua-t-il, *si vous n'avez pas quelque mauvais dessein contre nous dans l'esprit, & si un jour quand nous serons de retour en Angleterre, vous ne nous appellerez pas en justice, pour cette action? Je vous prie, Monsieur, plus de discours sur cette matiere; si vous vous mêlez encore de ce qui ne vous regarde point, je quitte le vaisseau plûtôt que de souffrir vos censures perpétuelles.*

Après l'avoir écouté avec patience, je lui dis, qu'à la vérité le Massacre Madagascar, que je n'appellerois jamais autrement, m'avoit toujours souverainement déplu, & que j'en avois parlé librement, sans pourtant réfléchir davantage sur lui que sur un autre; qu'il étoit vrai que je n'avois aucun commandement dans le vaisseau, mais aussi que je n'avois jamais prétendu y exercer la moindre autorité, & que je n'avois fait que dire

mon

mon sentiment avec franchise, sur les choses, qui nous concernoient tous également.
Que je voulois pourtant, qu'il sut que j'avois
une part considérable dans la charge du navire, & qu'en cette qualité j'avois un droit in-
contestable de parler encore avec plus de liberté, que je n'avois fait jusqu'alors, sans
être obligé de rendre compte de ma conduite, ni à lui, ni à qui que ce fut. Je lui tins
ce discours avec assez de fermeté, & comme
il n'y repliqua pas grand' chose, je crus que
c'étoit une affaire finie.

Nous étions alors dans le Port de Bengale,
& ayant envie de voir le Païs, je m'étois fait
mettre à terre, quelques jours après nôtre arrivée, avec le *Super Cargo* pour nous divertir pendant quelques heures. Vers le soir dans
le temps que je me préparois à retourner à
bord, un de nos Mariniers vint me dire de
ne pas prendre la peine d'aller jusqu'au rivage, puisque les gens de la chaloupe avoient
ordre de ne me point ramener.

Surpris de ce compliment insolent, comme d'un coup de foudre, je demandai à cet
homme, qui lui avoit donné ordre de me dire
une pareille sottise? & ayant appris que c'é-
toit le Bosseman, je dis au messager, qu'il
n'avoit qu'à rapporter à celui, qui l'avoit
envoyé, qu'il s'étoit acquitté de sa commission, & que je n'y avois rien répondu.

J'allai d'abord trouver le *Super Cargo*,
& lui racontant toute l'Histoire, je lui dis,
que

DE ROBINSON CRUSOE. 85

que je prévoyois quelque mutinerie dans le Vaisseau, & je le priai de s'y transporter dans quelque Barque Indienne, pour informer le Capitaine de ce qui venoit de m'arriver. J'aurois bien pu m'épargner cette peine, car l'affaire étoit déja faite à bord du Navire. Le Bosseman, le Canonier, & le Charpentier, en un mot tous les Officiers subalternes, dès qu'ils m'avoient vu dans la chaloupe, étoient montez sur le tillac, & avoient demandé à parler au Capitaine. Comme le Bosseman étoit un homme, qui parloit fort bien, c'étoit lui qu'on avoit chargé du soin de faire la Harangue. Après avoir repeté toute la conversation, que nous avions euë ensemble, il dit en peu de mots au Capitaine, qu'ils étoient bien aises que j'eusse pris de mon propre mouvement le parti d'aller à terre, puisque sans cela ils m'y auroient obligé. Qu'ils s'étoient engagez à servir dans le Vaisseau sous son commandement, & qu'ils étoient dans l'intention de continuer à le faire avec la plus exacte fidélité, mais que si je ne voulois pas quitter le Vaisseau de bon gré, & si en ce cas il ne vouloit pas m'y forcer, ils n'étoient pas d'avis d'aller plus loin avec lui, & qu'ils abandonneroient le Vaisseau *tous*.

En prononçant ce dernier mot, il se tourna du côté du grand mât, où tous les Matelots étoient assemblez, qui se mirent aussitôt à crier d'une seule voix, *oui tous, tous*.

Mon

Mon Neveu étoit un homme de courage, & d'une grande présence d'esprit, & quoiqu'il fut très surpris d'un discours si peu attendu, il répondit d'une maniere calme, qu'il prendroit l'affaire en consideration, mais qu'il ne pouvoit rien résoudre là-dessus avant que de m'avoir parlé.

Il se servit alors de plusieurs raisonnemens, pour leur faire voir l'injustice de leur proposition, mais en vain ; ils se donnerent tous la main en sa presence, en jurant qu'ils iroient tous à terre, à moins qu'il ne leur promit positivement qu'il ne soufriroit pas que je remisse le pied dans le Vaisseau.

C'étoit quelque chose de bien dur pour lui, qui m'avoit de si grandes obligations, & qui ignoroit de quelle maniere je prendrois cette affaire là. Il crut pouvoir détourner le coup d'une autre maniere, & en le prenant sur un ton fort haut, il leur dit avec beaucoup de fermeté, que j'étois un des principaux interessez dans le Vaisseau, & qu'il étoit ridicule de vouloir me chasser, pour ainsi dire, de ma propre maison ; que s'ils quittoient le Navire, ils payeroient cher cette desertion, s'ils étoient jamais assez hardis pour remettre le pied en Angleterre : que pour lui il aimeroit mieux risquer tout le fruit du Voyage, & de perdre le Vaisseau, que de me faire un pareil affront, & qu'ainsi ils n'avoient qu'à prendre le parti qu'ils trouveroient à propos. Il leur proposa ensuite d'aller

ler à terre lui même avec le Bosseman pour voir de quelle maniere on pourroit accommoder toute cette affaire.

Ils rejetterent unanimement cette proposition, en disant qu'ils ne vouloient plus avoir rien à faire avec moi, ni à terre, ni à bord du Vaisseau; & que si j'y rentrois ils étoient tous résolus d'abandonner le Navire. *Eh bien*, repliqua le Capitaine, *si vous êtes tous dans cette intention, j'irai parler à mon oncle tout seul.* Il le fit, & il y vint justement, dans le temps qu'on venoit de me faire le compliment ridicule, dont j'ai parlé.

J'étois ravi de le voir, car j'avois craint qu'ils ne l'emprisonnassent, & qu'ils ne s'en allassent avec le Navire, ce qui m'auroit forcé à demeurer là seul, sans argent, sans hardes, & dans une situation plus terrible, que celle où je m'étois trouvé autrefois dans mon Isle.

Heureusement ils n'avoient pas poussé leur insolence jusques là, & lorsque mon Neveu me raconta qu'ils avoient juré de s'en aller tous, si je rentrois dans le Vaisseau: je lui dis de ne s'en point embarrasser, & que j'étois résolu de rester à terre; qu'il eut soin seulement de me faire apporter mes hardes, & une bonne somme d'argent, & que je trouverois bien le moyen de revenir en Angleterre.

Quoi que mon Neveu fût au desespoir de me laisser là, il vit bien qu'il n'y avoit pas
d'au-

d'autre parti à prendre. Il retourna à bord, & dit à ces gens, que son Oncle avoit cedé à leur importunité, & qu'on n'avoit qu'à m'envoyer mes hardes. Ce discours calma tout cet orage, l'Equipage se rangea à son devoir. Il n'y eut que moi d'embarrassé, ne sachant quel parti prendre.

Je me trouvois tout seul dans l'endroit le plus reculé du monde, étant plus éloigné de l'Angleterre de 3000. lieuës, que quand j'étois dans mon Isle. Il est vrai que je pouvois revenir par terre, en passant par le Païs du Grand Mogol jusqu'à Suratte ; de là je pouvois aller par mer jusqu'à *Balsora* dans le Golphe Persique, d'où je pouvois venir avec les Caravanes par les Deserts de l'Arabie jusqu'à Alep & à Sanderon. De là il m'étoit facile de me transporter en France par l'Italie : toutes ces courses mises ensemble, faisoient le Diametre entier du Globe, & peut-être davantage.

Il y avoit encore un autre parti à prendre, c'étoit d'attendre quelques Vaisseaux Anglois qui d'*Achim* dans l'Isle de Sumatra devoient venir à Bengale, mais comme j'étois venu là sans avoir rien à démêler avec la Compagnie Angloise des Indes Orientales, il m'auroit été difficile d'en sortir sans son consentement, qu'il m'étoit impossible d'obtenir, sinon par une grande faveur des Capitaines de ces Vaisseaux, ou des Facteurs de la Compagnie, & je n'avois pas la moindre relation,

ni

ni avec les uns, ni avec les autres.

Pendant que j'étois dans cet embarras, j'eus le plaisir charmant de voir partir le Vaisseau sans moi; ce qui peut-être n'étoit jamais arrivé auparavant à un homme qui fût dans une situation comme la mienne, à moins que l'Equipage ne se fût révolté, & n'eût mis à terre ceux qui ne vouloient pas consentir à leur mauvais dessein.

Ce qui me consoloit un peu, c'est que mon Neveu m'avoit laissé deux domestiques, ou pour mieux dire, un Domestique & un Compagnon. Ce dernier étoit le Clerc du Boursier du Vaisseau, & l'autre étoit le propre valet du Capitaine. Je pris un bon appartement chez une femme Angloise, où logeoient plusieurs autres Marchands Anglois, François & Juifs Italiens. J'y fus parfaitement bien accommodé, & pour qu'on ne pût pas dire que je prenois mon parti trop précipitamment, j'y restai pendant 9. mois, pour considerer mûrement par quel moyen je pourrois m'en revenir chez moi le plus commodément, & avec le plus de sureté.

J'avois avec moi des marchandises d'Angleterre d'une assez grande valeur, outre une bonne somme d'argent : mon Neveu m'avoit laissé mille piéces de huit & une Lettre de crédit d'une somme beaucoup plus considérable, que j'étois le maître de tirer si j'en avois besoin, en sorte que je ne courois pas le moindre risque de manquer d'argent.

Tome IV.　　　　　H　　　　　Je

Je me défis d'abord de mes marchandises très-avantageusement, & suivant l'intention que j'avois déja eue en commencant le voyage, j'achetai une belle partie de Diamans, ce qui réduisit mon bien dans un petit Volume, qui ne pouvoit point m'embarrasser pendant le voyage.

Après avoir demeuré là assez long-tems, sans goûter aucune des propositions qu'on m'avoit faites touchant, les moyens de retourner en Angleterre, un Marchand Anglois, qui logeoit dans la même maison, & avec qui j'avois lié une amitié étroite, vint un matin dans ma chambre. *Mon cher Païs, me dit-il, je viens vous communiquer un projet, qui me plaît fort, & qui pourroit bien vous plaire aussi, quand vous l'aurez consideré avec attention. Nous sommes placez,* continua-t'il, *vous par accident, & moi par mon propre choix, dans un endroit du monde fort éloigné de nôtre patrie ; mais c'est dans un Païs où il y a beaucoup à gagner pour des gens comme vous & moi, qui en sçavons le commerce. Si vous voulez joindre mille livres sterling à mille autres que je fournirai, nous loüerons ici le premier Vaisseau, qui nous accommodera : Vous serez Capitaine & moi Marchand, & nous ferons le voyage de la Chine. Pourquoi Diantre, resterions-nous ici les bras croisez ? tout roule, tout s'agite dans le Monde; tous les corps terrestres & celestes sont occupez ; par quelle raison demeurerions-nous dans une lâche oisiveté ? Il n'y a, pour ainsi dire,*

dire, dès fainéans, que parmi les hommes, & je ne vois pas qu'il soit néceßaire que nous soyons de cette méprisable claße.

Je goûtai fort cette proposition, d'autant plus qu'elle me fut faite avec tant de marques d'amitié, & de franchise ; l'incertitude de ma situation contribua beaucoup à m'engager dans le commerce, qui n'étoit pas naturellement l'Elément qui me fut le plus propre : en récompense le projet de voyager touchoit la véritable corde de mes inclinations, & jamais une proposition d'aller voir une partie du Monde, qui m'étoit inconnuë, ne pouvoit m'être faite mal à propos.

Quelque tems s'écoula pourtant avant que nous puſſions trouver un Navire qui nous agrêât, & quand nous l'eûmes trouvé, il nous fut fort difficile d'avoir des Matelots Anglois, autant qu'il nous en falloit, pour diriger ceux du païs que nous pouvions trouver sans peine. Bien tôt pourtant nous engageâmes un *Contre-maître, un Boſſeman, & un Canonier tous Anglois, un Charpentier Hollandois, & trois Matelots Portugais*, qui suffisoient pour avoir l'œil sur nos Mariniers Indiens.

Il y a tant de Relations des Voyages, qui ont été faits de ce côté-là, que ce seroit une chose fort ennuïeuse pour le Lecteur, de trouver ici une description exacte des païs où nous relachâmes, & des peuples qui les habitent. Il suffira de dire, que nous allâmes d'abord à *Achin* dans l'Isle de Sumatra, & de-là à *Siam* où nous troquâmes quelques unes de nos Marchandises, contre de l'*Opium* & contre de l'*Arac*; sachant que la premiere de ces Marchandises sur tout est d'un grand prix dans la Chine, particulierement dans ce temps-là, où ce Royaume en manquoit. En un mot dans cette premiere course nous fûmes jusqu'à *Juskan*, nous fimes un très bon Voyage, où nous employâmes 9. mois, & nous retournâmes à Bengale, fort contens de ce coup d'essai.

J'ai observé que mes compatriotes sont fort surpris des fortunes prodigieuses, que font dans ces païs-là les Officiers, que la Compagnie y envoye, & qui gagnent en peu de tems 60. 70. & quelquefois jusqu'à cent mille vres sterling.

Mais la chose n'est pas fort surprenante pour ceux qui considérent le grand nombre de Ports où nous avons un libre commerce, où les Habitans cherchent avec la plus grande ardeur, tout ce qui vient des Païs étrangers, & qui plus est, où l'on peut acheter un si grand nombre de choses, qu'on peut vendre ailleurs, en y faisant un profit très considérable.

Quoiqu'il en soit, je gagnai beaucoup dans ce premier Voyage, & j'y acquis des lumiéres pour faire de plus gros gains, & si j'avois eu quelques vingt années de moins, j'y serois resté avec plaisir, bien sûr d'y faire

ma

ma Fortune : mais j'étois plus que sexagenaire, j'avois des richesses suffisamment, & j'étois sorti de ma patrie moins pour acquerir de nouveaux trésors, que pour satisfaire à un desir inquiet de roder par le Monde ; c'est avec bien de la justice, que j'apelle ce desir *inquiet*, car quand j'étois chez moi, je n'avois point de repos que je ne fusse dans quelque course, & quand je courois j'étois impatient de revoir mon Païs. Ainsi le gain me touchoit fort peu, puisque j'étois riche, & que naturellement je n'étois pas avare ; je crus donc n'avoir gueres profité par ma course, & rien ne pouvoit me déterminer, à en entreprendre d'autres, que le desir de voir de nouveaux païs ; mon œil étoit semblable à celui dont parle Salomon, *qui n'étoit jamais rassasié de voir*, & mes Voyages, bien loin de me contenter, ne faisoient qu'animer ma curiosité pour d'autres Voyages. J'étois venu dans une partie du monde, dont j'avois entendu parler beaucoup, & j'étois résolus d'y voir tout ce qu'il y avoit de plus remarquable pour pouvoir dire que j'avois vu tout ce qui méritoit d'être vû dans le Monde.

Mon compagnon de voyage avoit des idées toute differentes des miennes. Je ne le dis pas pour faire comprendre que les siennes étoient les moins raisonnables ; au contraire, je conviens qu'elles étoient plus justes, & mieux assorties aux vûës d'un Marchand, dont la sagesse consiste à s'attacher aux objets les plus lucratifs.

Cet

Cet honnête homme ne fongeoit qu'au folide, & il auroit été content d'aller & de venir toûjours par les mêmes chemins, & de loger dans les mêmes gîtes, tout comme un cheval de pofte, pourvû qu'il y eut *trouvé fon compte*, felon la phrafe Marchande; au lieu que j'étois un vrai Avanturier, à qui une chofe déplaifoit dès que je la voyois pour la feconde fois.

D'ailleurs j'avois une impatience extraordinaire de me voir plus près de ma patrie, & je ne favois comment faire, pour me procurer cette fatisfaction. Dans le tems que mes délibérations ne faifoient que me rendre plus irréfolu, mon ami, qui cherchoit toûjours que des occupations nouvelles, me propofa un autre voyage vers les Ifles, dont on tire les Epiceries, afin d'y charger une argaifon entiere de clous de Girofle. Son intention étoit d'aller aux Ifles Manilles, où les Hollandois font le principal commerce, quoiqu'elles apartiennent en partie aux Espagnols.

Nous ne trouvâmes pas à propos pourtant d'aller fi loin, n'ayant pas grande envie de nous hazarder dans des endroits où les Hollandois ont un pouvoir abfolu, comme dans l'Ifle de *Java*, dans celle de *Ceilan* &c. Tout ce qui retarda le plus nôtre courfe, c'étoit mon irréfolution, mais, dès que mon ami m'eût gagné, les préparatifs furent bien-tôt faits. N'ayant rien de meilleur à faire, je trouvois dans le fond que courir çà & là, dans

l'atl'attente d'un profit aussi grand, que sûr, donnoit plus de satisfaction, que de rester dans l'inaction, qui étoit, selon mon penchant naturel, l'état le plus triste & le plus malheureux de la vie. Je m'y résolus donc ; nous touchâmes à l'Isle de Borneo, & à plusieurs autres dont j'ai oublié le nom, & nôtre voyage, qui ne réussit pas moins bien que le premier, ne dura en tout que cinq mois.

Nous vendîmes nos Epiceries, que consistoient principalement en clous de Girofle, & en noix de Muscade, à des Marchands de Perse, qui vouloient les emporter avec eux dans le Golphe Persique ; nous y gagnâmes cinq pour un, & par conséquent nous y fimes un profit extraordinaire.

Quand nous fimes nos comptes mon ami me regarda avec un souris, *Eh bien*, me dit-il, en insultant à mon indolence naturelle, *ceci ne vaut-il pas mieux, que d'aller courir de côté & d'autre, comme un fainéant, & d'ouvrir de grands yeux pour voir les extravagances de Payens ?* » Pour dire la vérité, mon « ami, *lui répondis-je*, je commence à être un « Prosélite du commerce, mais permettez- « moi de vous dire, *continuai-je*, que si un « jour je puis me rendre maître de mon in- « dolence, tout vieux que je suis, je vous las- « serai, à force de vous faire courir le monde « avec moi ; vous n'aurez pas un moment de « repos, je vous en réponds. «

Peu

Peu de tems après nôtre retour un Vaisseau Hollandois de 200. tonneaux à peu près, arriva à Bengale; il étoit destiné à aller visiter les Côtes, & non pas à passer & à repasser d'Europe en Asie, & d'Asie en Europe. On nous debita que tout l'Equipage étant devenu malade, & le Capitaine n'ayant pas assez de gens pour tenir la mer, le Navire avoit été forcé de relâcher à Bengale, & que le Capitaine ayant gagné assez d'argent avoit envie de retourner en Europe, & qu'il avoit fait connoître qu'il vouloit vendre son Vaisseau.

J'eus le vent de cette affaire plûtôt que mon Associé, & ayant grande envie de faire cet achat, je courus au logis pour l'en informer. Il y songea pendant quelque tems, car il n'étoit nullement homme à précipiter ses résolutions. *Ce Bâtiment est un peu trop gros*, me dit-il, *mais cependant il faut que nous l'ayons.*

Là-dessus nous achetâmes le Vaisseau, nous le payâmes & nous en prîmes possession; nous nous résolûmes à en garder les Matelots pour les joindre à ceux que nous avions déja mais tout d'un coup ayant reçû chacun, non leurs gages, mais leur portion de l'argent, qui avoit été donné pour le Navire, ils s'en allerent. Nous ne sûmes pas pendant quelque tems ce qu'ils étoient devenus, mais nous aprîmes à la fin, qu'ils avoient pris tous la route d'*Agra*, lieu de la résidence du grand Mogol & que delà ils avoient dessein d'aller à Suratte afin de s'y embarquer pour le Golphe Persique.

Rien

Rien ne m'avoit si fort chagriné depuis long-tems que de ne les avoir pas suivis; une telle course dans une grande compagnie, qui m'auroit procuré en même tems, & du divertissement, & de la sûreté, auroit été mon vrai balot. D'ailleurs j'aurois vû le Monde, & en même tems j'aurois aproché de ma patrie; mais ce chagrin passa peu de jours après quand je sus quelle sorte de Messieurs c'étoient que ces Hollandois. L'homme qu'ils apelloient Capitaine n'étoit que le Canonier. Ils avoient été attaquez à terre par des Indiens, qui avoient tué le veritable commandant du Vaisseau avec trois Matelots. Là-dessus ces drôles au nombre de onze avoient pris la résolution de s'en aller avec le Vaisseau. Ils l'avoient fait, aprés avoir laissé à terre le Contremaître & cinq hommes, dont nous aurons occasion de parler dans la suite.

Quoi qu'il en soit, nous crumes avoir un bon titre pour la possession du Vaisseau, quoique nous sentissions bien que nous ne nous étions pas informez assez exactement du titre de ces malheureux, avant que de faire le marché. Si nous les avions questionnez comme il falloit, ils se seroient coupez selon toutes les aparences, & ils seroient tombez en contradiction les uns avec les autres, & peut-être chacun avec soi-même. Il est vrai qu'ils nous montrerent un transport, où étoit nommé un *Emmanuel Clusterhooven*; mais je m'imagine que tout cela étoit supposé,

Tome IV. quoi-

quoique dans le tems, que nous fimes le marché, nous n'eussions aucune raison de le soupçonner.

Nous voyant maîtres d'un si grand Bâtiment, nous engageâmes un plus grand nombre de Matelots Anglois & Hollandois, & nous nous déterminâmes à un second Voyage du côté du Sud, vers les *Isles Phillippines & Molucques*, pour chercher des clous de Girofle.

Pour ne pas arrêter long-tems le Lecteur sur des choses peu dignes d'attention, ayant encore tant de choses remarquables à lui raconter, je dirai en peu de mots que je passai six ans dans ce païs à négocier avec beaucoup de succès, & que la derniere année je pris avec mon Associé le parti d'aller dans nôtre Vaisseau faire un tour vers la Chine après avoir acheté du ris dans le Royaume de Siam.

Dans cette course étant forcez par les vents contraires d'aller & de venir pendant quelque tems dans les Détroits, qui séparent les Isles Molucques, nous ne nous en fûmes pas plûtôt débarassez, que nous aperçûmes que nôtre Navire s'étoit fait une *voye d'eau*, & quelque peine que nous prissions, il nous fut impossible de découvrir où c'étoit. Cet inconvénient nous obligea de chercher quelque Port, & mon Associé, qui connoissoit ces païs mieux que moi, conseilla au Capitaine d'entrer dans la riviere de *Cambodia*. Je dis

le

le Capitaine, car ne voulant pas me charger du commandement de deux Vaisseaux, j'avois établi pour Capitaine de celui-ci nôtre Contremaître Mr. Thompson. La riviere dont je viens de parler au Nord du Golphe qui va du côté de Siam.

Pendant que nous étions là, & que nous allions tous les jours à terre pour avoir des rafraîchissemens, il arriva un matin qu'un homme vint me parler avec empressement. C'étoit un second Canonier d'un Vaisseau des Indes Anglois, qui étoit à l'ancre dans la même riviere, près de la Ville de Cambodia. Il me parla Anglois; *Monsieur*, me dit-il, *vous ne me connoissez pas, & cependant j'ai quelque chose à vous dire, qui vous touche de près.*

Le regardant attentivement je crus d'abord le connoître, mais je me trompois. » Si cette affaire me regarde de près, *lui répondis-je*, « sans que vous y soyez interessé, qu'est ce « qui vous porte à me la communiquer ? *J'y* « *suis porté*, repartit-il, *par le grand danger qui vous pend sur la tête, sans que vous en ayez la moindre connoissance.* » Tout le danger où je crois être, *lui repliquai je*, c'est que « mon Vaisseau a fait une *voye d'eau*, mais j'ai « dessein de le mettre sur le côté pour tâcher de la découvrir. *Monsieur, Monsieur*, me dit-il, *si vous êtes sage, vous ne songerez point à tout cela, quand vous saurez ce que j'ai à vous dire. Savez vous que la Ville de Cambodia n'est* pas fort loin d'ici & qu'il y a près delà deux gros Vaisseaux Anglois, & trois Hollandois ? » Eh bien, qu'est ce que cela me fait, lui ré- » pondis-je. « Comment, Monsieur, répartit-il, est-il de la prudence d'un homme, qui cherche des avantures, comme vous d'entrer dans un port sans examiner auparavant quels Vaisseaux peuvent y être à l'ancre, & s'il est en état de leur faire tête ? Vous savez bien, je m'imagine que la partie n'est pas égale.

Ce discours ne m'étonna point du tout, parce que je n'y comprenois rien ; je dis à mon homme, qu'il s'expliquât plus clairement ; & que je ne voyois aucune raison pour moi de craindre les Vaisseaux des Compagnies Angloise & Hollandoise, puisque je ne fraudois point les droits, & que je ne faisois aucun commerce défendu. *Fort bien, Monsieur*, me dit-il, en souriant d'un petit air aigre doux, *si vous vous croyez en sureté, vous n'avez qu'à rester ici ; je suis mortifié pourtant de voir, que vôtre securité vous fait rejetter un avis salutaire. Soyez persuadé, que, si vous ne levez pas l'ancre dans le moment, vous allez être attaqué par cinq chaloupes remplies de monde, & que si l'on vous prend, on commencera par vous pendre comme un Pirate, quite à vous faire vôtre procès après. J'aurois cru, Monsieur, qu'un avis de cette importance m'auroit procuré une meilleure reception, que celle que vous me faites.* » Je » n'ai jamais été ingrat, *lui dis je*, pour
ceux

ceux qui m'ont rendu service, mais il m'est absolument impossible de comprendre le motif du dessein, que selon vous, on a pris contre moi. Cependant je veux profiter de vos conseils ; & puisqu'on a formé un projet si abominable contre moi, je m'en vais dans le moment, & je donnerai ordre qu'on mette à la voile, si on a bouché la voye d'eau, ou si elle ne nous empêche pas de tenir la Mer. Mais, Monsieur, faudra-t-il que je prenne ce parti-là sans savoir cette affaire à fond, & ne pourriez-vous pas me donner quelques lumieres là-dessus ?

Je n'en sçai qu'une partie, me dit-il, mais j'ai avec moi un Marinier Hollandois, qui pouroit vous en instruire, si le temps le permettoit. Vous ne sauriez l'ignorer entierement vous-même, car voici ce dont il s'agit. Vous avez été avec le Vaisseau à Sumatra, où le Capitaine a été tué avec trois de ses gens par les Insulaires, & vous vous en êtes allé avec le Vaisseau, pour exercer la Piraterie. Voilà la baze de toute cette affaire, & l'on vous exécutera en qualité de Pirate sans beaucoup de façons. Vous savez bien que les Vaisseaux marchands n'en font pas beaucoup, avec les Ecumeurs de Mer, quand ils les ont en leur pouvoir.

Vous parlez bon Anglois à présent, lui dis-je, & je vous remercie. Quoique nous n'ayons aucune part dans le crime dont vous venez de parler, & que nous

» ayons acquis la proprieté du Vaisseau par
» les voyes les plus légitimes, je veux pour-
» tant prendre mes précautions, pour éviter
» le malheur, dont votre discours me me-
» nace. *Prendre vos précautions, Monsieur?*
me répondit-il brusquement *vous vous servez
d'une expression bien foible. La meilleure précaution ici, c'est de se mettre au plus vîte à
l'abri du danger. Si vous vous interessez dans
votre propre vie, & dans celle de tous vos
gens, vous leverez l'ancre sans délai dès que
l'eau sera haute; vous profiterez alors de
toute la marée, & vous serez déja bien loin en
mer, avant qu'ils puissent descendre jusqu'ici.
Ils doivent se servir de la marée tout comme
vous, & comme ils sont à 20. milles d'ici,
vous les devancerez de deux bonnes heures,
& s'il fait un vent un peu gaillard, leurs
chaloupes n'oseront pas vous donner la chasse
en pleine mer.*

» Monsieur, *lui dis-je*, vous me ren-
» dez un service très important; que vou-
» lez vous que je fasse, pour vous en mar-
» quer ma reconnoissance ? *Vous n'êtes pas
peut être assez convaincu de la verité de mon
avis,* me répondit-il, *pour avoir réellement
envie de m'en récompenser. Cependant si vous
parlez sérieusement, j'ai une proposition à vous
faire. On me doit dix neuf mois de paye,
dans le Vaisseau, avec lequel je suis venu
d'Angleterre, & il en est dû sept à mon Camarade le Hollandois; si vous voulez nous les
payer*

payer, nous suivrons vôtre fortune sans vous rien demander de plus, si rien ne s'offre qui soit capable de vous convaincre de la vérité de mon avis ; & si le contraire arrive, nous vous laisserons le maître de nous récompenser, comme vous le trouverez à propos.

J'y toppai d'abord, & dans le moment même je me fis mener au Vaisseau avec eux ; à peine en étois-je approché que mon Associé qui étoit resté à bord monta sur le Tillac, & me cria que la voye d'eau venoit d'être bouchée. Dieu en soit loué, lui dis-je, *mais qu'on leve l'ancre au plus vite.* Et pourquoi donc, *me répondit-il*, que voulez-vous dire par-là ? *Point de questions*, lui repliquai-je, *que tout l'Equipage mette la main à l'œuvre, & qu'on leve l'ancre dans le moment, sans perdre une minute.*

Quoi qu'il fut extrêmement surpris de cet Ordre, il ne laissa pas d'appeller le Capitaine, & de le lui communiquer ; & quoique la marée ne fût pas encore tout-à-fait haute, favorisez d'un vent frais qui venoit de terre, nous ne laissâmes pas de mettre à la voile. Je fis venir ensuite mon Associé dans la hutte : je lui dis tout ce que je savois de cette histoire, & les deux nouveaux venus nous en racontèrent le reste.

Comme ce recit demandoit du temps, un des Matelots vint nous dire de la part du Capitaine, que cinq chaloupes fort chargées de monde nous donnoient la chasse, ce qui nous fit voir évidemment, que l'avis, que nous avions reçu, n'étoit que trop bien fondé. Là dessus je fis assembler tout l'Equipage, & je l'instruisis du dessein, qu'on avoit formé de prendre nôtre Vaisseau, & de nous traiter tous, comme des Pirates, & je leur demandai s'ils étoient résolus à se défendre. Ils répondirent tous avec allegresse, qu'ils vouloient vivre & mourir avec nous.

Comme j'étois du sentiment qu'il falloit se battre jusqu'à notre dernier soupir, je voulus savoir du Capitaine, ce qu'il falloit faire pour nous défendre avec le plus de succès. Il me dit qu'il seroit bon de tenir les ennemis en respect avec notre artillerie, tant que nous pourrions; qu'ensuite il falloit leur donner de bonnes salves de Mousquetterie, & si malgré tout cela ils approchoient du vaisseau, le meilleur parti seroit de nous retirer sous le tillac, qu'il leur seroit peut-être impossible de mettre en piéces faute d'outils nécessaires.

Nous donnâmes en même temps ordre au Canonnier de placer près du Gouvernail deux piéces chargées à cartouche, pour nettoyer le tillac en cas de besoin, & dans cette posture nous attendîmes les Chaloupes; gagnant toujours la haute mer à l'aide d'un vent favorable. Nous voyions distinctement les chaloupes à quelque distance de nous; elles étoient extrêmement grandes,

mon-

montées d'un grand nombre de gens, & elles faisoient force de voiles pour nous atteindre.

Il y en avoit deux, que par nos lunettes d'approche nous reconnumes pour Angloises, qui devançoient de beaucoup les autres, & gagnoient sur nous considérablement. Quand nous les vîmes sur le point de nous atteindre nous tirames un coup de canon sans boulet pour leur donner le signal, que nous voulions entrer en conférence avec eux, & en même temps nous mîmes pavillon blanc. Ils continuoient toûjours à nous suivre, en mettant au vent toutes les voiles, qu'ils avoient, & quand nous les vîmes à portée, nous mîmes pavillon rouge, & leur tirames un coup de Canon à boulet.

Ils ne laisserent pas pour cela de pousser leur pointe, & les voyant assez près de nous pour leur parler avec une trompette parlante, nous les arraisonnames, en les avertissant qu'il leur en prendroit mal s'ils approchoient davantage.

C'étoit parler à des sourds ; nous remarquâmes, qu'ils faisoient tous leurs efforts pour venir sous nôtre poupe & pour attaquer le Vaisseau par là. Là-dessus persuadé qu'ils se fioient sur les forces, qui les suivoient, je fis porter sur eux, & le voyant vis à vis de nôtre bord je leur fis tirer cinq coups de Canon, un desquels emporta toute la poupe de la chaloupe la plus éloignée; ce qui força les Matelots à baisser toutes les voiles, & à se jetter tous du côté de la proue, de peur d'aller à fond; ce mauvais succès n'empêcha pas ceux de la Chaloupe la plus avancée d'aller toûjours leur chemin.

Dans le temps, que nous nous préparions à donner à celle-là son fait à part, une des trois qui suivoient s'en fut tout droit à celle qui venoit d'être mise dans un si pitoyable état, & en tira tous les hommes. Cependant nous arraisonnâmes pour la seconde fois la chaloupe la plus avancée, en lui offrant une tréve pour parlementer, & pour être informé de la raison de leur procedé. Point de réponse encore, elle tâcha seulement de gagner nôtre poupe, sur quoi nôtre Canonier, qui entendoit son métier à merveille, lui tira encore deux coups de Canon, ils manquerent l'un & l'autre; ce qui porta ceux de la chaloupe à pousser un grand cri en tournant leurs bonnets à l'entour de la tête. Le Canonier s'étant préparé de nouveau, en moins de rien, fit feu sur eux avec plus de succès, & quoi qu'il manquât le corps de la Chaloupe, un des coups donna au beau milieu des Matelots, & fit un effet terrible. Trois autres coups, que nous leur tirames immédiatement après, mit presque toute la chaloupe en piéces & leur emporta le Gou-

Gouvernail avec une partie de l'arriere, ce qui les mit dans un grand desordre. Pour les achever nôtre Canonier fit encore feu sur eux de deux autres piéces, qui les accommoderent si bien, que nous vîmes la chaloupe sur le point d'aller à fond, & plusieurs Matelots déja dans l'eau.

Là-dessus, je fis d'abord armer la pinasse, que nous avions tenu jusques là tout près du Vaisseau, & je donnai ordre à nos gens d'empêcher nos ennemis de se noyer, d'en prendre autant qu'ils pourroient, & de revenir avec eux à bord dans le moment. Car nous voyions déja les autres chaloupes avancer sur nous avec toute la vîtesse possible.

Nos gens suivirent ponctuellement mes ordres. Ils en prirent trois, parmi lesquels il y en avoit un sur le point de se noyer, que nous eumes bien de la peine à faire revenir à lui. Dès que nous les eumes à bord, nous fimes force de voiles, pour gagner la haute mer, & nous vîmes que quand les trois dernieres chaloupes avoient joint les deux autres, ils avoient trouvé à propos d'abandonner la chasse.

Délivré d'un si grand danger, où je n'avois pas le moindre lieu de m'attendre, je résolus de changer de cours, & d'ôter par là le moyen à qui que ce fut de deviner où nous avions dessein d'aller. Nous courumes donc du côté de l'Est hors de la route de tous les Vaisseaux Européens.

N'ayant plus rien à craindre alors, nous questionnâmes nos deux nouveaux venus sur les motifs de toute cette entreprise qu'on avoit faite contre nous, & le Hollandois nous en découvrit tout le mystere. Il nous dit que celui qui nous avoit vendu le Vaisseau, n'étoit qu'un scelerat, qui s'en étoit emparé, après que le Capitaine (dont il nous dit le nom, sans que je m'en puisse souvenir à présent) eut été tué par les Insulaires avec trois de ses gens. Il avoit été lui-même de cet Equipage-là, & s'étoit échappé des mains des Barbares, s'étant jetté dans un bois avec trois autres, & il avoit été obligé de s'y cacher quelque temps. Ensuite il s'en étoit sauvé lui seul d'une maniere miraculeuse, en abordant à la nage la chaloupe d'un Vaisseau Hollandois qui revenoit de la Chine, & qui s'étoit mis à l'ancre sur cette Côte pour faire aiguade.

Quand il eut été quelque temps à *Batavia*, il y arriva deux hommes de ce Vaisseau, qui avoient abandonné leurs compagnons pendant le Voyage : ils avoient rapporté, que le Canonnier, qui s'en étoit fui avec le Navire, l'avoit vendu à Bengale à une troupe de Pirates qui s'étant mis à croiser, avoient déja pris un Bâtiment Anglois, & deux Hollandois très-richement chargez.

Cette derniere partie du discours nous em-

embarrassa fort, quoique nous en connussions toute la fausseté ; nous vîmes évidemment, que si nous étions tombez entre les mains de ceux qui venoient de nous donner la chasse si chaudement, c'auroit été fait de nous. Envain aurions-nous défendu nôtre innocence contre des gens si terriblement prévenus, qui auroient été nos accusateurs, & en même-temps nos Juges, & dont nous n'aurions dû attendre que tout ce que la rage peut inspirer & faire exécuter à des gens qui ne sont pas maîtres de leurs passions.

Cette considération fit croire à mon Associé, que le meilleur parti pour nous étoit celui de retourner à Bengale, sans toucher à aucun Port. Nous pouvions nous justifier là sans peine, en faisant voir où nous avions été quand le Navire en question y étoit entré, de qui nous l'avions acheté, & de quelle maniere ; & si l'affaire avoit été debattuë devant les Juges, nous étions sûrs de n'être pas pendus d'abord, & de recevoir ensuite nôtre sentence.

Je fus d'abord de l'opinion de mon Associé, mais je la rejettai, après y avoir songé plus mûrement ; puisque nous nous trouvions de l'autre côté du Détroit de Malacca, nous ne pouvions retourner à Bengale, sans courir les plus grands dangers. Le bruit de nôtre crime prétendu & de la mauvaise réception que nous avions faite à nos aggresseurs devoit avoir donné l'allarl'allarme par tout, & nous devions être guettez en chemin par tous les Vaisseaux Anglois & Hollandois. D'ailleurs nôtre retour auroit eu tout l'air d'une fuite, & il n'en falloit pas davantage pour nous condamner sur l'étiquette du sac. Je communiquai ces reflexions à l'Anglois, qui nous avoit découvert la conspiration contre nous, & il ne les trouva que trop solides.

Là-dessus nous résolumes d'aller chercher la Côte de Tunquin, & de là celle de la Chine, en poursuivant nôtre dessein de négocier, de vendre quelque part nôtre Vaisseau, & de nous en retourner avec quelque Bâtiment du Païs. Ces mesures nous parurent les meilleures pour nôtre sureté, & nous fimes cours N. N. E. en nous mettant plus au large de 50. lieues que n'étoit la route ordinaire.

Ce parti nous jetta dans quelques inconvéniens. A cette hauteur nous trouvâmes les vents plus constamment contraires, venant d'ordinaire de l'Est Nord-Est, ce qui devoit faire durer très-long-temps nôtre Voyage, & malheureusement nous étions assez mal pourvus de vivres. D'ailleurs il y avoit à craindre que quelques-uns des Vaisseaux, dont les chaloupes nous avoient attaquez, & qui étoient destinez pour les mêmes endroits, n'entrassent dans ces Ports avant nous, ou que quelque autre Navire informé de tout ce qui venoit de se passer, ne nous poursuivît avec toute l'opiniâtreté possible. J'a-

J'avoue que j'étois dans une très fâcheuse situation, & que je me croyois dans les circonstances les plus désagréables, où je me fusse trouvé. Je n'avois jamais commis le moindre acte frauduleux, bien loin de mériter le titre de voleur, ou de Pirate. Toute ma mauvaise conduite depuis ma jeunesse avoit consisté à être mon propre ennemi, & c'étoit la premiere fois de ma vie, que j'avois couru risque d'être traité comme un criminel du plus bas ordre. J'étois parfaitement innocent, mais il ne m'étoit pas possible de donner des preuves convainquantes de mon innocence.

Mon Associé me voyant abîmé dans une profonde mélancolie, quoi qu'il eût été d'abord aussi embarrassé que moi, commença à me donner courage ; & me faisant une exacte description des différents Ports de cette Côte, il me dit qu'il étoit d'avis de chercher un asyle dans la Cochinchine, ou dans la Baye de Tunquin, d'où nous pouvions gagner Macao, ville qui avoit autrefois appartenu aux Portugais, & où il y avoit encore un bon nombre de Familles Européennes, & sur tout des Missionaires, qui y étoient venus dans l'intention de se transporter de là dans la Chine.

Nous nous en tinmes à cette résolution, & après un voyage fort ennuyeux, dans lequel nous avions beaucoup souffert par la disette des vivres, nous découvrîmes la Côte de *Cochinchine*, & nous prîmes le parti d'entrer dans une petite Riviere, où il y avoit pourtant assez d'eau pour nôtre Bâtiment, résolus de nous informer ou par terre, ou par le moyen de notre Pinasse, s'il y avoit quelques Vaisseaux dans les Ports d'alentour.

La précaution que nous avions prise d'entrer dans cette petite Riviere, nous tira d'affaire fort heureusement. Quoique nous ne vissions pas d'abord des Vaisseaux dans la Baye de Tunquin, cependant le lendemain matin nous y vîmes entrer deux Vaisseaux Hollandois; & un autre sans couleurs, que nous prîmes pourtant pour Hollandois aussi, passa à deux lieues de nous, faisant cours vers la Côte de la Chine. L'après-dînée nous aperçumes encore deux Bâtimens Anglois, qui prenoient la même route. Ainsi nous étions bienheureux d'être cachez dans cet azyle, dans le temps que nous étions environnez de tous côtez par un si grand nombre d'ennemis.

Nous n'étions pas pourtant tout à-fait à notre aise; le païs où nous étions entrez, étoit habité par les gens les plus barbares, qui étoient voleurs non seulement de naturel, mais encore de profession. Dans le fond nous n'avions rien à faire avec eux; excepté le soin de chercher quelques provisions, nous ne souhaitions pas d'avoir avec eux le moindre commerce. Néanmoins nous eumes bien de la peine à nous défendre de leurs insultes.

La

La Riviere, où nous étions, n'étoit distante que de quelques lieues des dernieres bornes Septentrionales de tout le Païs, & en côtoyant avec nôtre chaloupe nous découvrîmes la pointe de tout le Royaume au Nord-Eſt, où s'ouvre la grande Baye de *Tunquin*. C'eſt en ſuivant les Côtes de cette maniere, que nous avions découvert les Vaiſſeaux ennemis, dont nous étions environnez de tous côtez. Les habitans de l'endroit où nous nous trouvions, étoient préciſément, comme je l'ai déja dit, les plus barbares de toute cette Côte, n'ayant aucun commerce avec aucun autre Peuple, & ne vivant que de poiſſon, d'huile, & des vivres les plus groſſiers. Une marque évidente de leur barbarie exceſſive, étoit l'abominable coutume qu'ils avoient, de réduire en eſclavage tous ceux qui avoient le malheur de faire naufrage ſur leur Territoire, & nous en vîmes bientôt un échantillon de la maniere ſuivante.

J'ai obſervé ci-deſſus que nôtre navire s'étoit fait un voye d'eau au milieu de la mer, ſans qu'il nous eut été poſſible de la découvrir; quoiqu'elle eût été bouchée d'une maniere auſſi peu attendue qu'heureuſe, dans l'inſtant même que nous allions être aſſaillis par les chaloupes Angloiſes & Hollandoiſes, cependant n'ayant pas trouvé le Bâtiment auſſi ſain que nous l'aurions bien voulu, nous réſolumes d'en tirer tout ce qu'il y avoit de

Tome IV. K plus

plus pesant, & de le mettre sur le côté pour le nettoyer, & pour trouver la voye d'eau s'il étoit possible.

Conformément à cette résolution, ayant mis d'un seul côté les canons, & tout ce qu'il avoit de plus pesant dans le Vaisseau, nous fimes de nôtre mieux pour le renverser, afin de pouvoir venir jusqu'à la quille.

Les Habitans, qui n'avoient jamais remarqué rien de pareil, descendirent aussitôt vers le rivage, & voyant le Vaisseau renversé de ce côté-là, sans appercevoir nos gens qui travailloient dans les chaloupes, & sur des échafaudages, du côté qui leur étoit opposé, ils s'imaginerent d'abord que le Bâtiment avoit fait naufrage, & qu'en échouant il étoit tombé sur le côté de cette maniere.

Dans cette supposition ils vinrent environ trois heures après ramer vers nous avec dix ou douze grandes barques montées chacune de huit hommes, résolus, selon toutes les apparences, de piller le Vaisseau, & de mener ceux de l'Equipage qu'ils trouveroient vers leur Roi, ou Capitaine, car nous n'avons pû rien apprendre de la forme de leur Gouvernement ; ce qu'il y a de sûr, c'est qu'en ce cas-là l'esclavage étoit une chose, à laquelle nous devions nous attendre.

Etant avancez du côté du vaisseau, ils se mirent à ramer tout autour, & ils nous découvrirent travaillant de toutes nos forces tes à la quille & au côté du Navire, pour le nettoyer, pour le boucher, & pour lui *donner le suif.*

Au commencement ils ne firent que nous contempler avec attention, sans qu'il nous fût possible de deviner leur dessein. Cependant à tout hazard, nous nous servîmes de cet intervalle, pour faire entrer quelques-uns de nos gens dans le Vaisseau, afin que de-là ils donnassent des armes, & des munitions à ceux qui travailloient pour se défendre en cas de besoin.

Il fut bien-tôt temps de s'en servir, car après avoir consulté ensemble pendant un quart d'heure, & conclu apparemment que le Vaisseau devoit avoir échoué, & que nous ne travaillions que pour le sauver, ou pour nous sauver nous-mêmes par le moyen de nos chaloupes, dans lesquelles ils nous voyoient porter nos armes, ils avancerent sur nous comme sur une proye certaine.

Nos gens les voyant approcher en si grand nombre, commencerent à s'effrayer; ils étoient dans une assez mauvaise posture pour se défendre, & ils nous crierent de leur ordonner ce qu'ils devoient faire. Je commandai d'abord à ceux qui étoient sur l'échafaudage, de tâcher de se mettre dans le Vaisseau au plus vîte, & à ceux qui étoient dans les chaloupes, d'en faire le tout & d'y entrer aussi. Pour nous qui étions à bord, nous fîmes tous nos efforts pour redresser le Bâtiment. Cependant ni ceux de l'échaufaudage, ni ceux des chaloupes ne purent exécuter nos ordres; parce qu'un moment après ils eurent les Barbares sur les bras: déja deux de leurs barques avoient abordé nôtre Pinasse, & se saisissoient de nos gens comme de leurs prisonniers.

Le premier sur qui ils mirent la main, étoit un Anglois, garçon aussi brave que robuste; il avoit un mousquet à la main, mais au lieu de s'en servir, il le jetta dans la chaloupe, ce que je pris d'abord pour une imprudence, qu'il alloit jusqu'à la stupidité; mais il me desabusa bien-tôt, car il prit le drôle qui l'avoit saisi par les cheveux, & l'ayant tiré de sa barque dans la nôtre, il lui cogna la tête contre un des bords de la chaloupe, d'une telle force, qu'il lui en fit sortir la cervelle dans le moment.

En même temps un Hollandois, qui étoit à côté de lui, ayant pris le mousquet par le canon, en fit le moulinet de si bonne grace, qu'il terrassa cinq ou six des ennemis qui vouloient se jetter dans la chaloupe.

Ce n'en étoit pas assez pour repousser trente ou quarante hommes, qui se jettoient avec précipitation dans la Pinasse, où ils ne s'attendoient à aucun danger, & où il n'y avoit que cinq hommes pour la défendre. Mais un accident de plus burlesques nous donna une victoire complete.

Nôtre Charpentier se préparant à *suiver*
&

& à *goudronner* le dehors du Vaisseau, venoit de faire descendre dans la Pinasse deux chaudrons, l'un plein de poix bouillante, & l'autre de poix résine, de suif, d'huile, & d'autres matieres semblables. L'aide du Charpentier avoit encore dans la main une grande cuillere de fer, avec laquelle il fournissoit aux autres cette liqueur chaude, & voyant deux de nos *Cochinchinois* entrer du côté où il étoit, il les arrosa d'une cuillerée de cette matiere, qui les força à se jetter dans la mer, meuglant comme deux taureaux.

C'est bien fait, Jean, s'écria là-dessus le Charpentier, *ils trouvent la soupe bonne, donne-leur-en encore une écuellée* : en même temps il court de ce côté-là avec un de ces torchons qu'on attache à un bâton pour laver les vaisseaux, & le trempant dans la poix, il en jette une si grande quantité sur ces voleurs, dans le temps que *Jean* avec sa cuillere la leur prodigue libéralement, qu'il n'y eût pas un seul homme dans les trois barques ennemies, qui ne fût misérablement grillé. L'effet en étoit d'autant plus grand & plus prompt, que ces malheureux étoient presque tous nuds, & je puis dire que de mes jours je n'ai entendu des cris plus affreux, que ceux que pousserent alors ces pauvres *Cochinchinois*.

C'est une chose digne de remarque, que, quoique la douleur fasse pousser des cris à tous

tous les Peuples du Monde, cependant ces cris sont tout aussi différens que leurs différens langages. Je ne saurois mieux nommer le son qui frappa alors nos oreilles, qu'un heurlement; & je n'ai jamais rien entendu qui en approchât davantage, que le bruit affreux que firent ces Loups, qui vinrent m'attaquer autrefois dans le Languedoc.

Jamais victoire ne me fit plus de plaisir, non seulement parce qu'elle nous délivra d'un danger, qui sans cet expédient auroit été très-grand, mais sur tout parce qu'elle fut remportée sans répandre du sang, & sans tuer personne, excepté celui à qui nôtre Anglois avoit cassé la tête contre le bord de la chaloupe. J'aurois été au desespoir de faire périr ces malheureux, quoi qu'en défendant ma propre vie, parce que je savois qu'ils n'avoient pas la moindre notion de l'injustice qu'ils commettoient en nous attaquant. Je sai que la chose étant nécessaire auroit été juste, parce qu'il ne peut pas y avoir de crimes nécessaires, mais je croi pourtant, que c'est une triste vie qu'il faut continuellement défendre, en tuant nôtre prochain, & j'aimerois mieux souffrir d'assez grandes insultes, que de faire périr mon aggresseur. Je pense même que tous ceux qui réfléchissent & qui connoissent le prix de la vie, sont de mon sentiment. J'en reviens à mon Histoire.

Pen-

Pendant cette bataille comique nous avions, mon Associé & moi, si bien employé les gens que nous avions à bord, que le Vaisseau fut enfin redressé. Les canons étoient déja remis dans leurs places, & le canonier me pria d'ordonner à ceux de nos chaloupes de se retirer parce qu'il vouloit faire feu sur les ennemis.

Je lui dis de n'en rien faire, & que le Charpentier nous en délivreroit bien sans le secours du Canon ; j'ordonnai seulement au Cuisinier de faire chauffer une autre chaudronnée de poix. Mais heureusement nous n'en eumes que faire ; les pauvres diables étoient si mécontens de ce qui leur étoit arrivé, dans leur premier assaut, qu'ils n'avoient garde d'en tenter un second. D'ailleurs ceux qui étoient les plus éloignez de nous voyant le Vaisseau redressé, & à flot, commençoient apparemment à sentir leur méprise, & par conséquent ils ne trouvoient pas à propos de pousser leur dessein.

C'est ainsi que nous nous tirames d'affaire d'une maniere divertissante, & ayant porté à bord quelques jours auparavant seize bons cochons gras, du ris, des racines, & du pain, nous résolumes de remettre en mer à quelque prix que ce fut, persuadez, que le jour après nous nous trouverions environnez d'un si grand nombre de *Cochinchinois* que nos *chauderons* auroient de la peine à fournir à tous leurs besoins.

Le

Le même soir donc nous reportames toutes nos affaires dans le Vaisseau, & le lendemain matin nous fumes en état de faire voile. Nous trouvames bon néanmoins de nous tenir à l'ancre à quelque distance, ne craignant pas tant les ennemis, parce que nous étions en bonne posture pour les attendre. Le jour après ayant achevé tout ce que nous avions à faire à bord, & voyant que nos voyes d'eau étoient parfaitement bouchées, nous mîmes à la voile. Nous aurions fort souhaité d'entrer dans la Baye de *Tunquin*, pour savoir ce qu'étoient devenus les Vaisseaux Hollandois, qui y avoient été; mais nous y avions vu entrer plusieurs autres Bâtimens depuis peu, & par conséquent, nous n'osames pas nous y hazarder. Nous fimes donc cours du côté du Nord-Est, vers l'Isle *Formosa*, ayant aussi grand peur de rencontrer quelque Vaisseau Marchand Anglois, ou Hollandois, qu'un Vaisseau Marchand Européen voguant dans la Mediterranée a peur de rencontrer un Vaisseau de guerre d'*Alger*.

Nous fimes d'abord cours, Nord Est, comme si nous voulions aller aux Isles Manilles, ou aux Isles Philippines, afin d'être hors de la route des Vaisseaux Européens, & ensuite nous tournâmes vers le Nord jusqu'à ce que nous vinssions au 22. degré 3. min. de latitude, & de cette maniere nous arrivâmes à l'Isle Formosa. Nous y mîmes

à

à l'ancre pour prendre de l'eau fraîche, & d'autres provisions; nous en fûmes fournis abondamment par le peuple, que nous trouvâmes fort honnête, & qui nous fit voir beaucoup d'integrité dans tout le commerce que nous fimes avec lui. Peut-être ces bonnes manieres & cette probité sont-elles dûës au Christianisme, qui a été autrefois planté dans cette Isle, par des Missionaires Hollandois. Ce qui confirme une remarque, que j'ai toujours faite, touchant la Religion Chrétienne, par tout où elle est reçue, qu'elle y produise des effets sanctifians, ou non, elle civilise les Nations, & elle réforme leurs manieres du moins.

De là nous continuâmes à faire cours du côté du Nord, en nous tenant toujours à une distance égale des côtes de la Chine, & de cette maniere nous passâmes par devant tous les ports, où les Vaisseaux Européens sont accoutumez de relâcher, bien résolus de faire tous nos efforts pour ne pas tomber entre leurs mains. Il est sûr que si ce malheur nous étoit arrivé, sur tout dans ce païs-là, nous étions perdus, & j'en avois tellement peur en mon particulier, que j'aurois mieux aimé me trouver entre les griffes de l'Inquisition.

Etant parvenus alors à la latitude de 33. degrez, nous résolumes d'entrer dans le premier port, que nous trouverions, & pour cet effet nous avançames du côté du rivage.

Nous n'en étions qu'à deux lieues quand une barque vint à nôtre rencontre, avec un vieux Pilote Portugais, qui voyant que nôtre Vaisseau étoit Européen venoit pour nous offrir ses services. Cette offre nous fit plaisir, & nous le prîmes à bord. Sur quoi, sans demander où nous avions envie d'aller, il renvoya sa barque.

Nous étions alors les maîtres de nous faire mener, où nous le trouvions bon, & je proposai au bon vieillard de nous conduire au *Golphe de Nanquin*, qui est dans la partie la plus Septentrionale de la Côte de la Chine. Il nous répondit qu'il connoissoit fort bien ce Golphe, mais qu'il étoit fort curieux de savoir, ce que nous y voulions faire.

Je lui dis que nous avions envie d'y vendre nôtre cargaison, & d'acheter à la place des porcelaines, des toiles peintes, des soyes cruës & des soyes travaillées &c. Il nous répondit, qu'à ce compte le meilleur port pour nous auroit été celui de Macao, où nous aurions pu nous défaire de nôtre Opium très-avantageusement, & acheter des denrées de la Chine à aussi bon marché qu'à Nanquin.

Pour mettre fin au discours de nôtre Pilote, qui étoit fort circonstancié, nous lui dîmes, que nous n'étions pas seulement Marchands, mais encore voyageurs, & que nôtre but étoit d'aller voir la grande Ville de *Pequin*, & la Cour du fameux Monarque de la Chine.

me. *Vous feriez donc fort bien*, répondit-il, *d'aller vers Ningpo, d'où par la riviere, qui se jette là dans la mer, vous pouvez gagner en peu d'heures le grand Canal. Ce Canal qui est par tout navigable, passe par le cœur de tout le vaste Empire Chinois, croise toutes les rivieres, & traverse plusieurs collines par le moyen de portes & d'écluses, & s'avance jusqu'à Pequin, parcourant une étendue de 270. lieues.*

» Voilà qui est fort bien, Seigneur Portugais, *lui répondis-je*, mais ce n'est pas » là dont il s'agit, nous vous demandons » seulement, si vous pouvez nous conduire » à *Nanquin*, d'où nous pouvons ensuite al- » ler facilement à la Cour du Roi de la Chi- » ne. » Il me dit qu'il le pourroit faire fort » aisément & que depuis peu un Vaisseau Hollandois avoit pris précisement la même route. Cette circonstance n'étoit gueres propre à me plaire, & j'aurois autant aimé rencontrer le Diable, pourvu qu'il ne fût pas venu dans une figure trop effrayante, qu'un Vaisseau Hollandois. Nous étions sûrs, que la partie n'auroit pas été égale puisque tous les Vaisseaux Hollandois, qui négocient dans ces païs, sont beaucoup plus gros & mieux équipez, que n'étoit le nôtre.

Le vieillard me trouvant consterné au seul nom d'un Vaisseau Hollandois, me dit que nous ne devions pas être allarmez de ce qu'il venoit de nous dire, puisque les Hollandois n'étoient point en Guerre avec nôtre Nation. » Il est vrai, *lui répondis-je*, mais » on ne sait pas de quelle maniere ces gens-là » nous traiteroient, dans un païs où ils sont » hors de la portée de la justice. *Il n'y a rien à craindre, répartit-il, vous n'êtes point Pirates, & ils n'attaqueront point des Marchands, qui ne cherchent qu'à faire paisiblement leurs affaires.*

Si à ce discours tout mon sang ne me monta pas au visage, c'est apparemment parce que la nature avoit ménagé quelque obstruction dans quelque vaisseau, pour en arrêter le cours. J'étois dans un si grand desordre qu'il n'étoit pas possible que nôtre Portugais ne s'en aperçût.

Monsieur, me dit-il, *il semble que mon discours vous fasse de la peine; vous irez où vous le trouverez à propos, & soyez sûr que je vous rendrai tous les services dont je suis capable.* » Il est vrai, Seigneur Portugais, » *lui répondis-je*, je suis dans une assez grande » irrésolution touchant la route qu'il faudra » prendre, parce que vous venez de parler » de Pirates, j'espere qu'il n'y en a point dans » ces mers-ci. Nous ne sommes gueres en » état de leur faire tête; vous voyez que nô- » tre Navire n'est pas des plus gros, & que » l'équipage en est assez foible. «

Vous pouvez dormir en repos là-dessus, me dit il, *aucun Pirate n'a paru dans ces mers depuis quinze ans excepté un seul, qu'on a vu il* y a environ un mois, dans la Baye de Siam ; mais il est sûr, qu'il a tiré du côté du Sud; d'ailleurs ce n'est point un Vaisseau fort considérable & propre à ce métier. C'est un Vaisseau Marchand avec lequel l'Equipage s'en est fui, après la mort du Capitaine qui a été tué dans l'Isle de Sumatra.

» Comment, dis-je, faisant semblant de » ne rien savoir de cette affaire, ces coquins » ont ils tué leur propre Capitaine ? Je ne » veux pas dire, répondit-il, qu'ils l'ont massa- » cré eux mêmes, mais comme dans la suite ils se sont rendus maîtres du Vaisseau, il y a beaucoup d'apparence qu'ils l'ont trahi ; & qu'ils l'ont livré à la cruauté des Indiens. » A ce compte-là, dis je, ils ont autant meri- » té la mort, que s'ils l'avoient massacré de » leurs propres mains. Sans doute, repartit » le bon vieillard, aussi seront ils punis selon leur mérite, s'ils sont rencontrez par les Anglois, ou par les Hollandois, car ils sont tous convenus ensemble de ne leur point donner de quartier, s'ils tombent entre leurs mains.

Je lui demandai là dessus comment ils pouvoient esperer de rencontrer ce Pirate, puisqu'il n'étoit plus dans ces mers. On l'assure, reprit-il, mais ce qu'il y a de certain, c'est qu'il a été dans la riviere de Cambodia, & qu'il y a été découvert par quelques Hollandois qu'il avoit laissez à terre en se rendant maître du Vaisseau. Il est certain encore que quelques Marchands Anglois & Hollandois, qui se trouvoient alors dans la même riviere, ont été sur le point de le prendre. Si leurs premieres chaloupes, continua-t-il, avoient été secondées, comme il faut, par les autres, il auroit été pris indubitablement; mais ne voyant que deux chaloupes à portée il fit feu dessus, & les mit hors de combat, avant que les autres fussent à portée; il gagna ensuite la haute mer, & il ne fut pas possible aux Chaloupes de continuer à le poursuivre. Mais on a une description si exacte de ce Bâtiment qu'on le reconnoîtra sans peine, par tout où on le trouvera, & l'on a résolu unanimement de faire pendre à la grand'vergue, & le Capitaine, & l'Equipage, si jamais on peut s'en rendre maître.

» Comment, *dis-je*, ils les executeront
» sans aucune formalité ? Ils commenceront
» par les faire pendre, & ensuite ils leur fe-
» ront leur procès ? *Bon, Monsieur :* me répondit il, *de quelle formalité voulez vous qu'on se serve avec de pareils scelerats ? il suffit de les jetter dans la mer, pour s'épargner la peine de la pendaison; ces coquins là n'auront que ce qu'ils méritent.*

Voyant que le vieux Portugais ne pouvoit pas quitter nôtre bord, & nous faire le moindre mal, je lui dis brusquement. » Voi-
» là justement la raison, pourquoi je veux
» que vous nous meniez à *Nazquin*, & non
» pas à *Macao*, ou à quelque autre Port frequenté par les Anglois, & par les Hollandois.

dois. Sachez, que ces Capitaines, dont "
vous venez de parler, sont des insolens, & "
des étourdis, qui ne savent pas ce que c'est "
que la justice, & qui ne se conduisent, ni "
selon la Loi divine, ni selon la Loi de la "
Nature. Ils sont assez inconsidérez pour se "
hazarder à devenir meurtriers, sous pré- "
texte de punir des voleurs, puisqu'ils veu- "
lent faire exécuter des gens faussement ac- "
cusez, & les traiter en criminels sans se "
donner la peine de les examiner & d'enten- "
dre leur défense. Dieu me fera la grace "
peut être de vivre assez long temps, pour "
en rencontrer quelques-uns, dans des en- "
droits, où l'on pourra leur apprendre, de "
quelle maniere il faut administrer la Ju- "
stice. "

Là-dessus je lui déclarai naturellement, que le Vaisseau, où il se trouvoit, étoit justement celui, qu'ils avoient attaqué avec leurs chaloupes, d'une maniére aussi lâche que mal conduite. Je lui contai en détail, comment nous avions acheté nôtre Navire de certains Hollandois, & comment nous avions apris dans la suite, que c'étoient des coquins qui s'en étoient fuis avec le Vaisseau, après que leur Capitaine avoit été assassiné par les Indiens de Sumatra, mais je l'assurai que cette équipage s'étoit mis à pirater, c'étoit débiter une fable inventée à plaisir; que nos ennemis auroient sagement fait de creuser cette affaire, avant que de nous attaquer & qu'ils répondroient devant Dieu, du sang qu'ils nous avoient forcez de répandre.

Le bon vieillard fut extrêmement surpris de ce recit, & nous dit, que nous avions raison de vouloir aller du côté du Nord. Il nous conseilla de vendre nôtre Navire dans la Chine, & d'en acheter ou d'en bâtir un autre. *Vous n'en trouverez pas un si bon que le vôtre*, ajouta-t'il, *mais il vous sera aisé d'en avoir un capable de vous ramener à Bengale avec vos gens, & avec vos Marchandises.*

Je lui dis, que je profiterois de son conseil de tout mon cœur, dès que je pourrois trouver un Bâtiment à ma fantaisie, & un Marchand pour le mien. Il m'assura qu'il y auroit à Nanquin des gens de reste, qui seroient ravis d'acheter nôtre Vaisseau qu'une Jonque Chinoise suffiroit pour m'en retourner, & qu'il me trouveroit sans peine, des gens qui m'acheteroient l'un & qui me vendroient l'autre.

» Mais, *lui dis je*, vous dîtes que nôtre
» Vaisseau sera indubitablement reconnu, &
» par conséquent si je prends les mesures,
» que vous me conseillez, je puis jetter par
» là d'honnêtes gens dans un terrible péril,
» & être la cause de leur mort. Il suffira à ces
» Capitaines de trouver le Vaisseau, pour
» qu'ils se mettent dans l'esprit, qu'ils ont
» trouvé aussi les Criminels, & qu'ils massacrent de sang froid des gens, qui n'ont jamais songé à les offenser.

Je

Je ſçai les moyen de prévenir cet inconvenient, me répondit le bon vieillard, *je connois les Commandans de tous ces Vaiſſeaux, & je les verrai quand ils paſſeront par ici, je ne manquerai pas de leur faire connoître leur erreur, & de leur dire, que quoiqu'il ſoit vrai, que le premier équipage s'en eſt allé avec le Navire, il eſt pourtant, qu'il s'en ſoit jamais ſervi, pour exercer la Piraterie. Je leur aprendrai ſur tout, que ceux qu'ils ont attaqué dans la Baye de Siam, ne ſont pas les mêmes gens; mais que ce ſont d'honnêtes Marchands, qui ont acheté le Vaiſſeau innocemment de quelques ſcelerats, qu'ils en croyoient les Proprietaires. Je ſuis perſuadé que du moins ils s'en fieront aſſez à moi, pour agir avec plus de précaution, qu'ils n'avoient d'abord projetté.* » Eh bien, lui dis-je, » ſi vous les rencontrez, voulez-vous bien » vous acquiter d'une commiſſion que je » vous donnerai pour eux ?

Oui da, me répondit-il, *pourvû que vous me la donniez par écrit, afin qu'ils voyent clairement, qu'elle vient de vous, & que je ne l'ai pas forgée de mon chef.* Là-deſſus je me mis à leur écrire, & après avoir détaillé toute l'Hiſtoire de l'attaque des chaloupes, que j'avois été obligé de ſoûtenir, & développé la fauſſeté des raiſons, qui les avoient pouſſez à me faire cette inſulte, dans le deſſein de me traiter avec toute l'inhumanité poſſible, je finis en les aſſurant, que ſi j'avois le bonheur de les rencontrer jamais en Angleterre, je les en en payerois avec usure, à moins que les Loix de ma patrie n'eussent perdu toute leur autorité, pendant mon absence.

Le vieux Pilote lut & relut cet écrit à differentes reprises, & me demanda, si j'étois prêt à soutenir tout ce que j'y avançois. Je lui dis, que je le soutiendrois tant qu'il me resteroit un sol de bien, & que j'étois très-sûr de trouver une occasion, de faire repentir ces Messieurs de la précipitation de leur cruel dessein. Mais je n'eus point occasion d'envoyer le Portugais avec cette Lettre, car il ne nous quitta point, comme on le verra dans la suite.

Pendant ces conversations nous avancions toûjours du côté de Nanquin, & après treize jours de navigation, nous mîmes à l'ancre au Sud-Ouest du Grand Golphe, où par hazard nous aprîmes que deux Vaisseaux Hollandois venoient de passer, & nous en conclûmes, qu'en continuant nôtre route nous tomberions infailliblement entre leurs mains.

Après avoir consulté sur ce terrible inconvénient mon Associé, qui en étoit aussi embarassé que moi & aussi irrésolu sur le parti, qu'il falloit prendre, je m'adressai au vieux Pilote pour lui demander s'il n'y avoit pas près de là quelque Baye, ou quelque rade, où nous pussions entrer, pour faire nôtre commerce particulier avec les Chinois, sans être en danger. Il me dit que si je voulois aller du côté du Sud l'espace d'environ quarante-deux lieuës, j'y trouverois un petit port nommé *Quinchang*, où les Missionnaires débarquoient d'ordinaire en venant de *Macao* pour aller prêcher dans la Chine la Religion Chrétienne, & où jamais les Vaisseaux Européens n'entroient. Qu'étant là je pourrois prendre des mesures pour le reste du voyage. Que dans le fond ce n'étoit pas un endroit fréquenté par les Marchands, excepté dans certains tems de l'année, qu'il y avoit une foire, où les Marchands *Japponnois* venoient se pourvoir de denrées de la Chine.

Nous convinmes tous de faire cours vers ce port, dont peut-être j'orthographie mal le nom. Je l'avois écrit avec ceux de plusieurs autres endroits, dans un petit mémoire, que l'eau a gâté malheureusement, par un accident, que je raconterai dans son lieu ; je me souviens fort bien que les *Chinois* & les *Japponois* donnoient à ce petit port un nom tout different de celui que lui donnoit nôtre Pilote Portugais, & qu'ils le prononçoient *Quinchang*.

Le jour, après que nous nous fûmes fixez à cette résolution, nous levâmes l'ancre, n'ayant été que deux fois à terre, pour prendre de l'eau fraîche, & des provisions, comme racines, Thé, Ris, quelques oiseaux &c. Les gens du païs nous en avoient aporté en abondance, pour nôtre argent, d'une maniere fort civile, & fort intégre.

Les vents étant contraires, nous voguâmes

mes cinq jours entiers, avant que de furgir à ce port; nous y entrâmes avec toute la satisfaction imaginable. Pour moi quand je me sentis sur terre j'étois plein de joye & de reconnoissance pour le Ciel, & je résolus aussi bien que mon Associé de ne jamais remettre le pied dans ce malheureux Navire, s'il nous étoit possible de nous défaire de nos Marchandises, quand ce seroit d'une maniere peu avantageuse.

Je ne saurois m'empêcher de remarquer ici, que de toutes les conditions de la vie, il n'y en a aucune qui rende un homme si parfaitement misérable qu'une crainte continuelle. L'Ecriture Sainte nous dit avec beaucoup de raison que *la peur sert de piege à l'homme*. C'est une mort perpetuelle, & elle accable tellement l'esprit, qu'il est inaccessible au moindre soulagement, elle étouffe nos esprits animaux & abbat toute cette vigueur naturelle, qui nous soutient dans des afflictions d'une autre nature.

Mon imagination, qui en étoit saisie d'une maniere affreuse, ne manquoit pas de me représenter le danger étoit bien plus grand, qu'il n'étoit réellement, elle me dépeignoit les Capitaines Anglois & Hollandois comme des gens absolument incapables d'entendre raison, & de distinguer entre des scelerats & d'honnêtes gens, entre une fable inventée pour les tromper, & entre l'Histoire véritable & suivie de nos voyages & de nos projets.

Rien

Rien n'étoit plus facile pour nous dans le fond que de faire voir clairement à toute personne un peu sensée, que nous n'étions rien moins que des Pirates. L'Opium, & les autres Marchandises, que nous avions à bord, prouvoient clairement que nous avions été à Bengale, & les Hollandois qui, à ce qu'on disoit, avoient les noms de tous ceux de l'autre équipage, devoient remarquer du premier coup d'œil, que nous étions un mélange d'Anglois, de Portugais, & d'Indiens, parmi lesquels il ne se trouvoit que deux Hollandois. En voilà plus qu'il ne falloit, pour convaincre le premier Capitaine qui nous auroit rencontrez, de nôtre innocence & de son erreur.

Mais la peur, cette passion aussi aveugle qu'inutile, nous remplit le cerveau de trop de vapeurs, pour y laisser une place à la plus grande vrai-semblance. Nous regardions tout cette affaire du mauvais côté; nous savions que les gens de mer Anglois & Hollandois, & particulierement les derniers, étoient si animez au seul nom de Pirates, & de Pirates qui s'étoient échapez de leurs mains, en ruinant une partie des chaloupes qu'on avoit envoyées pour les prendre, que nous étions persuadez, qu'ils ne voudroient pas seulement nous entendre parler, & qu'ils prendroient pour une preuve convainquante de nôtre crime prétendu, la figure du Vaisseau qu'ils connoissoient parfaitement bien, & nôtre fuite de la riviere de Cambodia. Pour moi j'éj'étois assez ma propre dupe, pour m'imaginer, que si j'étois dans leur cas, j'agirois tout de même, & que je taillerois tout l'équipage en piéces, sans daigner écouter sa défense.

Pendant que nous avions été dans ces inquiétudes, mon Associé & moi, nous n'avions pas pu fermer l'œil sans rêver à des cordes, & à de grandes vergues, une nuit entre autres, songeant qu'un Vaisseau Hollandois nous avoit abordez, je fus dans une telle fureur, que croyant assommer un Matelot ennemi, je donnai un coup de point contre un des pilliers de mon lit d'une telle force, que je m'écrasai les jointures, ce qui me fit courir risque de perdre deux de mes doigts. Une chose, qui me confirma encore davantage dans l'idée, que nous serions maltraitez par les Hollandois, si nous étions dans leur pouvoir, c'est ce que j'avois entendu dire des cruautez qu'ils avoient fait essuyer à mes Compatriotes à Amboine, en leur donnant la torture avec toute l'inhumanité possible; je craignois qu'en faisant souffrir les douleurs les plus cruelles, à quelques-uns de nos gens, ils ne leur fissent confesser des crimes, dont ils n'étoient pas coupables, & ne nous punissent comme Pirates, avec quelque apparence de justice. La charge de nôtre Vaisseau pouvoit leur fournir un puissant motif, pour prendre des mesures si inhumaines, puisqu'elle valoit cinq mille livres sterling.

Pendant tout le tems que durerent nos
frayeurs,

frayeurs, nous fûmes agitez fans relâche par de pareilles réflexions, fans confidérer feulement que les Capitaines de Vaiffeaux n'ont pas l'autorité de faire de telles exécutions. Il eft certain, que fi nous nous étions rendus à quelqu'un d'entre eux, & s'il avoit été affez hardi pour nous donner la torture, ou pour nous mettre à mort, il en auroit été puni rigoureufement en fa patrie. Mais cette vérité n'étoit pas fort confolante pour nous, un homme qu'on maffacre, ne tire pas de grands avantages du fuplice qu'on fait fouffrir à fon meurtrier.

Ces frayeurs ne pouvoient que me faire faire de mortifiantes réflexions fur les differentes particularitez de ma vie paffée. Après avoir confumé 40. ans dans des travaux, & des dangers continuels, je m'étoit vû dans le port, vers lequel tous les hommes tendent, une *opulente tranquilité* ; & j'avois été affez malheureux, pour me plonger de nouveau par mon propre choix, dans des inquiétudes plus grandes, que celles dont je m'étois tiré d'une maniere fi peu attenduë. Quel chagrin pour moi, qui pendant ma jeuneffe m'étois échapé de tant de périls, de me voir dans ma vieilleffe, expofé par mon genie avanturier, à perdre la vie fur une Potence, pour un crime, pour lequel je n'avois eu jamais le moindre penchant, bien loin d'en être coupable.

Quelquefois des penfées pieufes fuccedoient à ces confidérations chagrinantes ; je

Me

me mettois dans l'esprit, que si je tombois dans le malheur que je craignois si fort, je devois considérer ce désastre comme un effet de la Providence, qui malgré mon innocence par rapport au cas présent, pouvoit me punir pour d'autre crimes, & que j'étois obligé de m'y soumettre avec humilité de la même maniere, que si elle avoit trouvé à propos de de me châtier par un naufrage, ou par quelque autre malheur, qui eût du raport avec ma vie errante.

Il m'arrivoit encore assez souvent d'être excité par ma crainte à prendre des résolutions vigoureuses; je ne songeois alors qu'à combattre jusqu'à la derniere goûte de mon sang, plûtôt que de me laisser prendre par des gens capables de me massacrer de sang froid.

Il vaudroit encore mieux pour moi, *disois-je en moi même*, d'être pris par des Sauvages, & de leur servir de nourriture, que, tomber entre les mains de ces gens, qui peut être feront ingénieux dans leur cruauté, & qui ne me feront mourir, qu'après m'avoir déchiré par la torture la plus violente. Quand j'ai été aux mains avec les Anthropophages, c'étoit toûjours dans le dessein de me battre jusqu'à mon dernier soûpir; par quelle raison serois-je plus lâche, quand il s'agit d'éviter un malheur plus terrible ?

Quand ces sortes de pensées avoient le dessus dans mon imagination, j'étois dans une
es-

espéce de fiévre, & dans une agitation, comme si j'étois réellement engagé dans un combat opiniâtre; mes yeux brilloient, & le sang me boüillonnoit dans les vaines; je résolvois alors fermement si j'étois obligé d'en venir là, de ne jamais demander quartier, & de faire sauter le Vaisseau en l'air quand je ne pourrois plus résister, afin de laisser à mes persécuteurs si peu de butin qu'ils n'auroient garde de s'en vanter.

Plus nos inquiétudes avoient été grandes pendant que nous étions encore en mer, & plus nous fûmes charmez quand nous nous vîmes à terre. A cette occasion mon associé me raconta, que la nuit auparavant il avoit rêvé, qu'il avoit un grand fardeau sur les épaules & qu'il le devoit porter au haut d'une colline; mais que le Pilote Portugais l'a voit levé de dessus son dos, & qu'en même temps au lieu de la colline il n'avoit vû qu'un terrain uni & agréable. Ce songe là étoit plus significatif que les rêves ne le sont d'ordinaire, nous étions véritablement comme des gens qu'on venoit de décharger d'un pesant fardeau.

Dès que nous fûmes à terre, nôtre vieux Pilote, qui avoit conçû beaucoup d'amitié pour nous, nous trouva un logement, & un Magazin, qui dans le fond ne faisoient ensemble que le même Bâtiment. C'étoit une petite cabane jointe à une hutte spacieuse, le tout fait de *Cannes* & environné d'une palissade de ces grandes Cannes apellées *Bambous* dans les Indes. Cette palissade nous servoit beaucoup, pour mettre nos Marchandises à l'abri de la subtilité des voleurs, dont il y en a une assez grande quantité dans ce Païs-là. D'ailleurs le Magistrat du lieu nous accorda pour plus grande sûreté un sentinelle, qui faisoit la garde devant nôtre Magazin avec une espéce de demi pique à la main. Nous en étions quittes, en donnant à cette sentinelle un peu de ris, & une petite piéce d'argent, ce qui ne montoit tout ensemble qu'à la valeur de trois sols par jour.

Il y avoit déja du tems que la Foire dont j'ai parlé étoit finie : cependant il y avoit encore dans la riviere trois ou quatre Jonques Chinoises, avec deux Bâtimens Japponnois, chargez de denrées, qu'ils avoient achetées dans la Chine, & ils n'avoient pas fait voile jusques alors, parce que les Marchands étoient encore à terre.

Le premier service que nous rendit nôtre Pilote, c'est de nous faire faire connoissance avec trois Missionnaires, qui s'étoient arrêtez là quelque temps, pour convertir les Habitans du lieu. Il est vrai qu'ils avoient fait de leurs Proselytes une assez plaisante sorte de Chrétiens ; mais c'étoit là leur affaire, & non pas la nôtre. Parmi ces Messieurs il y avoit un Prêtre François, fort joli homme, de bonne humeur, & d'une conversation fort aisée. Il s'apelloit le *Pere Simon*, & ses manieres étoient bien éloignées de la gravité de ses deux

com-

compagnons, qui étoient l'un Portugais, & l'autre Genois. Ils étoient d'une grande austerité, & sembloient prendre extrémement à cœur l'ouvrage, pour lequel on les avoit envoyez, occupez continuellement à s'insinuer dans l'esprit des Habitans, & à trouver moyen de lier conversation avec eux.

Nous avions le plaisir de manger souvent avec ces Religieux, & d'aprendre par là leur maniere de prêcher l'Evangile aux Payens. Il est certain que ce qu'ils apelloient la conversion des Chinois, étoit fort éloigné de mériter un titre si magnifique ; tout le Christianisme de ces pauvres gens ne consiste gueres qu'à savoir prononcer le nom de *Jesus-Christ*, à dire quelque prieres addressées à la Vierge & à son Fils, dans un langage, qui leur est inconnu ; & à faire le signe de la Croix. Cette crasse ignorante de ces prétendus convertis n'empêche pas les Missionnaires de croire fermement, que ces gens iront tout droit en Paradis, & qu'ils sont eux-mêmes les glorieux instrumens du Salut de leurs Proseylites ; c'est dans l'espérance d'un succès si merveilleux, qu'ils hazardent de grands voyages, qu'ils subissent le triste sort de faire un long séjour parmi ces Barbares, & qu'ils s'exposent à une mort accompagnée des tourmens les plus cruels. Pour moi, quelque mauvaise opinion que j'aye de leur maniere de convertir les Payens, je croirois pourtant manquer de charité, si je n'avois pas une haute idée du zéle, qui les porte à entreprendre un pareil ouvrage, au milieu de mille dangers, & sans la moindre vûë d'un interêt temporel.

Le Religieux François, nommé le Pere *Simon*, avoit ordre de s'en aller à *Peking*, où réside le grand Empereur de la Chine, & il n'étoit dans cette petite Ville que pour attendre un Compagnon, qui devoit venir de Macao pour faire ce voyage avec lui. Je ne le rencontrois jamais qu'il ne me pressât d'aller avec lui, en m'assurant qu'il me montreroit tout ce qu'il y a de grand & de beau dans tout ce fameux Empire, & sur tout la plus grande Ville de l'Univers, une Ville, selon lui, que Londres & Paris mis ensemble ne pourroient égaler.

Cette Ville est effectivement grande, & extrémement peuplée ; mais comme je regarde ces sortes de choses d'un autre œil que ces gens, qui se jettent d'abord à corps perdu dans l'admiration, je dirai dans la suite, quelle est mon opinion de ce celebre Peking. Je reviens au P. *Simon*.

Un jour que nous dînions ensemble, & que nous étions tous de fort bonne humeur, je lui fis voir quelque penchant à l'accompagner dans son voyage, & il nous pressa fort, mon Associé, & moi, de prendre cette résolution. *D'où vient donc, Pere Simon*, lui dit mon Associé, *que vous souhaitez si fort nôtre compagnie? Vous savez que nous sommes Heretiques, & par consequent vous ne sauriez nous ai-*

aimer, ni trouver le moindre plaisir dans nôtre commerce. » Bon, répondit il, vous pouvez « devenir Catholiques avec le temps ; mon « occupation ici est de convertir les Payens, « que sait-on si je ne réüssirai pas à vous con- « vertir aussi ? « Oui da, mon Pere, lui dis je, ainsi donc gare les Sermons pendant tout le chemin. » N'ayez pas peur, repliqua t'il, je ne « vous fatiguerai pas par mes Sermons ; nô- « tre Religion n'est pas incompatible avec la « politesse : d'ailleurs, nous vous regardons « dans un Païs si éloigné comme Compatrio- « tes, quoique vous soyez Anglois, & moi « François ; pourquoi ne pourions-nous pas « nous considerer mutuellement comme « Chrétiens, quoique vous soyez Huguenots, « & moi Catholique ? Quoi qu'il en soit, ajoû- « ta-t'il, nous sommes tous honnêtes gens, « & sur ce pied là nous pouvons parler en- « semble, sans embarasser nos conversations, « de disputer sur la Religion.

La fin de son discours me parut fort sensée, & me rappella dans l'esprit ce bon Religieux, duquel je m'étois séparé dans le Brezil.

Il est certain pourtant, que le Caractere du *P. Simon* n'aprochoit pas de celui de mon jeune Prêtre. Il est vrai que dans ses manieres il n'avoit rien qui deshonorât sa profession ; mais on ne lui remarquoit pas ce fond de zéle, cette pieté exacte, ni cette affection pour le Christianisme, qui éclatoient si fort dans la conduite de l'autre.

Quel-

Quelques pressantes que fussent ses sollicitations, il ne nous étoit pas possible de nous y laisser aller si tôt, il falloit premierement disposer de nôtre Vaisseau, & de nos Marchandises, ce qui étoit assez difficile dans un endroit où il y a si peu de Commerce; un jour même je fus tenté de faire voile pour la Riviere de *Kilam*, & de monter jusqu'à la Ville de *Nanquin*, mais j'en fus détourné par un coup inattendu de la Providence, qui sembloit commencer à s'interesser dans nos affaires. J'en conclus que je pouvois esperer de revenir un jour dans ma Patrie, quoique je n'eusse pas la moindre idée des moyens, dont je pouvois me servir pour l'entreprendre. Il me suffisoit, pour me promettre cette satisfaction, de remarquer que quelque lueur de la bonté Divine se répandît sur nos entreprises. Voici ce que c'étoit.

Un jour nôtre vieux Pilote nous amena un Marchand Japponnois, pour voir quelles sortes de Marchandises nous avions. Il nous acheta d'abord nôtre *Opium*, & le paya fort bien, & sur le champ, en partie en or, que nous prenions selon le poids, en partie en petites piéces monnoyées du coin de son païs, & en partie en lingots d'argent, de dix onces à peu près. Pendant que nous faisions ce négoce avec lui il me vint dans l'esprit que ce même Marchand pourroit bien encore nous acheter nôtre Vaisseau, & j'ordonnai à nôtre Interpréte de lui en faire la proposition. Il
ne

ne la reçût qu'en hauffant les épaules. mais il nous revint voir quelques jours après en menant avec lui un des Miffionnaires, pour lui fervir d'Interpréte, & pour nous communiquer la propofition qu'il avoit à nous faire. Il nous dit, qu'il nous avoit payé une grande quantité de Marchandifes, avant que d'avoir la moindre penfée de nous acheter nôtre Vaiffeau, & qu'il ne lui reftoit pas affez d'argent pour nous en donner le prix ; que fi je voulois y laiffer les mêmes Matelots, il le loueroit pour un voyage du Japon ; que là il le chargeroit de nouveau, pour l'envoyer aux Ifles Philippines, après en avoir payé le fret, & qu'après le retour il l'acheteroit. Non feulement je prêtai l'oreille à cette propofition, mais mon humeur avanturier me mit encore dans l'efprit d'être moi-même de la partie, de m'en aller aux Ifles Philippines, & de là vers la mer du Sud. Là-deffus je demandai au Marchand s'il avoit envie de louer le Vaiffeau jufqu'aux Ifles Philippines ; & de le décharger là. Il me dit que la chofe n'étoit pas poffible, mais qu'il le déchargeroit dans le Japon, quand il feroit de retour avec fa Cargaifon. J'y aurois toppé, fi mon Affocié, plus fage que moi, ne m'en avoit pas détourné, en me reprefentant les dangers de la mer, l'humeur perfide & traîtreffe des Japponnois & celle des Efpagnols des Ifles Philippines, plus perfide & plus traîtreffe encore.

La premiere chofe qu'il falloit faire avant que

que de conclure nôtre marché avec le Japponnois, c'étoit de demander au Capitaine & à l'Equipage, s'ils avoient envie d'entreprendre cette course. Dans le tems que nous y étions occupez, je reçûs un visite du jeune homme, que mon Neveu m'avoit donné pour compagnon de voyage. Il me dit que cette course promettoit des avantages très considérables, & me conseilloit fort de l'entreprendre, mais que si je n'en avois pas envie, il me prioit de le placer dans le Vaisseau comme Marchand, ou en telle autre qualité que je le trouverois à propos; que s'il me trouvoit encore envie à son retour en Angleterre, il me rendroit un compte exact de son gain, & que je ne lui donnerois que la part que je voudrois.

Je n'avois pas grande envie de me séparer de lui, mais prévoyant les grands avantages où ce parti devoit conduire naturellement, & le connoissant pour un jeune homme aussi propre à y réüssir, que qui que ce fût, j'avois du penchant à lui accorder sa demande. Je lui dis pourtant que je voulois consulter mon Associé sur sa proposition, & que je lui donnerois une réponse positive le lendemain.

Mon Associé, à qui j'en parlai d'abord, s'y accorda très-généreusement, il me dit, que je savois bien que nous regardions tous deux nôtre Navire, comme acheté sous de mauvais auspices, & que nous n'avions pas envie de nous y rembarquer; que nous ferions bien

bien de le céder au jeune homme, à condition que si nous le revoyions en Angleterre, il nous donneroit la moitié des profits de ses voyages, & qu'il garderoit l'autre moitié pour lui.

Je n'avois garde d'être moins généreux que mon Associé, qui n'étant pas comme moi, interessé dans la Fortune de mon compagnon de voyage, n'étoit porté par aucun motif particulier à lui faire du bien, & voyant que tout l'Equipage étoit résolu de faire cette nouvelle Caravane, nous donnâmes à mon jeune-homme la moitié du Vaisseau en proprieté, en tirant de lui une promesse écrite qu'il nous rendroit compte de la moitié des profits du Voyage.

Le Marchand Japponnois, à ce que nous avons apris dans la suite, se montra un parfaitement honnête-homme. Il protegea mon jeune-homme dans le Japon, & lui obtint la permission de venir à terre, qui a été rarement accordée aux Etrangers depuis plusieurs années. Il lui paya le *Fret* avec beaucoup de ponctualité, & l'envoya aux Isles Philippines, chargées de Marchandises du Japon & de la Chine, avec un *Super Cargo* du Païs, qui trafiquant là avec les Espagnols, revint avec des marchandises de l'Europe, & avec une grande quantité d'épiceries. Il fut parfaitement bien payé de tous ses Voyages, & n'ayant point envie de se défaire du Vaisseau, il le chargea de Marchandises pour son propre compte, lesquelles il vendit d'une manière avantageuse aux Espagnols, dans les Isles Manilles. Par le moyen des amis qu'il s'y fit, il eut le bonheur de faire déclarer son Navire libre ; & il fut loué par le Gouverneur, pour aller à *Acapulco* sur la Côte de Mexique, avec la permission de débarquer là, d'aller à la ville de Mexique, & d'entrer là dans un Vaisseau Espagnol avec tout son monde, pour s'en retourner en Europe.

Il fit ce Voyage avec beaucoup de succès ; il vendit son Vaisseau à Acapulco, & ayant obtenu là la permission d'aller par terre jusqu'à *Porto bello*, il y trouva le moyen de passer avec tout ce qu'il avoit gagné, dans la Jamaïque, d'où il retourna en Angleterre huit ans après, avec des richesses immenses. J'en dirai davantage dans son lieu. Il est temps d'en revenir à mes propres affaires.

Le Vaisseau étant prêt à mettre en mer, nous commençâmes à songer à récompenser les deux hommes, qui nous avoient rendu un service si considérable, en nous avertissant à temps de la conspiration, qu'on avoit faite contre nous dans la Rivière de *Cambodia*. Nous savions de reste dans le fond, que ce n'étoit pas pour l'amour de nous, qu'ils nous avoient donné un avis si important & qu'ils nous avoient plûtôt obligé par scéleratesse que par charité. Ils nous croyoient réellement Pirates, & cependant ils nous découvrirent un dessein, qu'ils avoient toutes

les

les raisons imaginables de croire, parfaitement juste, uniquement dans la vûë d'écumer la mer avec nous, & d'avoir part au butin. Néanmoins ils nous avoient réellement sauvés d'un danger extrême, & je leur avois promis de leur en témoigner ma reconnoissance. Je commençai d'abord par leur faire payer les gages, qui, selon eux, qui leur étoient dûs dans les Vaisseaux, qu'ils avoient quittez, pour nous suivre, c'est-à-dire, dix-neuf mois à l'Anglois, & sept au Hollandois. Je leur donnai encore à chacun une petite somme d'Argent en Or, dont ils furent très contens, & je fis l'Anglois Canonier du Vaisseau à la place du nôtre, qui étoit devenu second Contre-maître, & Boursier ; je donnai au Hollandois l'emploi de Bosseman. Ils se crurent par là parfaitement bien récompensez, & ils rendirent de trés-grands services dans le Vaisseau, étant gens de courage, & fort entendus dans la Marine.

Pour nous, nous restâmes à terre dans la Chine, & si je m'étois cru loin de ma Patrie à Bengale, où pour mon argent il m'étoit facile de revenir chez moi, que ne devois-je pas penser alors, que j'étois de plus de mille lieuës plus éloigné de l'Angleterre, sans savoir le moindre moyen d'y retourner.

Tout ce qui pouvoit en quelque sorte balancer ce chagrin, c'est que dans quelques mois de là il devoit y avoir une autre foire dans la Ville où nous étions, & que nous aurions l'occasion de nous fournir de toutes sortes de denrées du païs ; sans compter que peut être y trouverions-nous quelque Jonque Chinoise, ou quelque Bâtiment de Tunquin pour nous ramener avec tout ce qui nous apartenoit. Charmé de cette nouvelle je pris la résolution d'y attendre cette occasion, & comme j'étois sûr qu'on n'en vouloit point à nos personnes, qui ne pouvoient pas être suspectes, sans le Vaisseau, nous pouvions espérer même de trouver là quelque Vaisseau Anglois ou Hollandois qui voudroit bien nous mener dans quelque autre endroit des des Indes, plus proche de nôtre patrie.

En attendant nous trouvâmes bon de nous divertir un peu, en faisant trois ou quatre petits voyages dans le païs. Nous en fîmes un entre autres long de dix journées, pour aller voir *Nanquin*, une Ville, qui vaut bien la peine d'être vuë. On dit qu'il y a un million d'ames, ce que j'ai bien de la peine à croire. Elle est bâtie fort régulièrement ; toutes les ruës en sont tirées au cordeau ; & se croisent les unes les autres, ce qui en augmente extrêmement la beauté.

Mais quand je compare les peuples de ce païs là, leur maniere de vivre, leur gouvernement, leur Religion, leur magnificence, à ce qu'on voit de plus remarquable dans l'Europe, je dois avouer que tout cela ne vaut pas la peine d'en parler, bien loin de mériter les pompeuses descriptions, que certaines Rélations nous en donnent.

Si

Si nous admirons la grandeur des Chinois, leur richesse, leurs cérémonies pompeuses, leur commerce, leurs forces ; ce n'est pas parce que les choses sont admirables en elles mêmes, mais parce que l'idée que nous avons de gens, qui habitent cette partie du monde, ne nous permet pas de nous attendre à rien de grand & d'extraordinaire.

Sans cela, qu'est-ce que leurs bâtimens en comparaison de tant de magnifiques Palais qu'on admire dans l'Europe ? Qu'est-ce que leur commerce à proportion de celui d'Angleterre, de la Hollande, de la France, & de l'Espagne ? Leurs Villes ne sont rien au prix des nôtres, pour la magnificence, la force, la richesse, l'agrément, & la variété. Rien n'est plus ridicule, que de mettre en parallele leurs ports, où se trouvent un petit nombre de Jonques & d'autres vils Bâtimens, avec nos Flottes Marchandes, & nos Armées Navales. On peut dire avec vérité, qu'il y a plus de Commerce dans nôtre seule Ville de Londres, que dans tout leur vaste Empire, & qu'un seul Vaisseau de guerre du premier rang Anglois, Hollandois ou François est capable de faire tête à toutes leurs forces de mer, & mêmes de les abîmer : encore un core un coup, il n'y a que l'idée que nous avons de la barbarie des peuples de ces païs, qui nous représente d'une maniére si avantageuse, tout ce qu'on rencontre de plus remarquable dans la Chine ; tout nous y paroit

sur-

surprenant, parce que nous ne nous attendions à rien qui fût capable de donner de la surprise.

Ce que j'ai dit de leurs Flottes peut-être appliqué à leurs armées. Quand ils mettroient deux millions de Soldats ensemble, une puissance si formidable en apparence ne feroit que ruïner le païs, & se réduire elle-même à périr, faute de vivres. S'il s'agissoit d'assieger un Ville forte, comme il s'en trouve quantité en Flandres, ou de se battre en bataille rangée, une seule ligne de Cuirassiers Allemands, ou de Gendarme François renverseroit toute la Cavalerie Chinoise. Un million de leurs Fantassins ne viendroit pas à bout d'un seul Corps de nôtre Infanterie, placé d'une maniere à ne pouvoir pas être environnée de tous côtez. Je crois même pouvoir dire sans Gasconnade que trente mille Fantassins Allemands, ou Anglois, & dix mille Cavaliers François abîmeroient toutes les forces de la Chine. Il en est de même de l'art d'attaquer, & de défendre les Villes. Il n'y a pas une Ville fortifiée dans toute la Chine qui soutint pendant un mois les efforts d'une Armée Européenne, & toutes les Armées Chinoises ensemble attaqueroient en vain une place comme Donkerque, pourvû qu'elle ne fut pas réduite à se rendre par la Famine. Ils ont des armes à feu, il est vrai, mais elles sont grossieres, & fort sujettes *à prendre un rat*, comme on dit ; ils ont de la poudre à ca-

canon, mais elle eſt ſans force. Ils ſont ſans diſcipline, ignorans dans l'exercice, & dans la maniere de ſe ranger en bataille, ne ſachant ce que c'eſt que d'attaquer avec ordre & de faire la retraite ſans confuſion. Toutes ces véritez, dont je ſuis très-convaincu, me font rire de tout mon cœur, quand j'entends raconter de ſi belles choſes de ces fameux Chinois, qui dans le fond ne ſont que d'ignorans & vils eſclaves, ſujets à un Gouvernement deſpotique proportionné à leur genie, & à leurs inclinations.

Si ce bel Empire n'étoit pas ſi éloigné du cœur de la Moſcovie, & ſi les Moſcovites eux mêmes n'étoient des Eſclaves auſſi mépriſables, que les Chinois, rien ne ſeroit plus aiſé pour un Empereur de Moſcovie, que de le conquerir dans une ſeule Campagne, & ſi le Czar d'apreſent, qui eſt, à ce qu'on dit, un jeune Prince de grande eſpérance, & qui commence à ſe rendre formidable dans le monde, avoit pouſſé ſes deſſeins ambitieux de ce côté là, au lieu de les tourner du côté des belliqueux Suédois, il auroit été peut être à l'heure qu'il eſt Empereur de la Chine, au lieu qu'il a été battu à Nerva par l'intrépide Charles, quoique les Moſcovites fuſſent ſix contre un.

On a tort d'avoir meilleure opinion du ſçavoir des Chinois, & de leur progrès dans les Sciences. Ils ont des Globes, des Spheres, & quelques foibles Notions de Mathématiques, mais si vous creusez un peu avant dans leur habileté vous en voyez d'abord le foible ; ils ne connoissent rien dans le mouvement des Corps célestes, & leur ingnorance va jusqu'à un tel degré de ridicule, que lorsque le Soleil est éclipsé, ils s'imaginent qu'il est attaqué par un Dragon qui veut le devorer, & qu'ils font un bruit terrible en frapant sur des tambours, & sur des timbales pour faire peur au Monstre, & pour le détourner de sa proye.

Voilà la seule digression de cette nature, qu'on trouvera dans mon Histoire ; je ne m'attacherai desormais qu'aux avantures de ma vie errante, sans parler des Villes que j'ai vûës, ni des vastes deserts, que j'ai traversez, qu'autant qu'il le faudra pour répandre du jour sur ce qui m'est arrivé de remaquable dans mes courses.

Etant de retour à *Nanquin*, j'étois selon mon calcul, dans le cœur de la Chine, puisque ce petit port est situé au trentiéme degré de Latitude Septentrionale. J'avois grande envie de voir la Ville de *Pekins*, & de me rendre aux importunitez du P. *Simon*. Son Compagnon étoit arrivé de *Macao*, le tems de son départ étoit fixé, & par consequent il falloit prendre ma résolution. Je m'en raportai entiérement à mon Associé, qui à la fin se détermina & nous préparâmes tout pour le Voyage. Nous trouvâmes une heureuse oc-
ca-

casion de faire ce chemin d'une maniere sûre & commode, en obtenant d'un *Mandarin* la permiſſion de voyager en ſa compagnie, & comme ſes Domeſtiques. Ces *Mandarins* ſont comme une eſpéce de *Vicerois*, ou *Gouverneurs de Provinces*, qui font une groſſe figure, & qui ſont extrémement reſpectez par les peuples, auſquels en récompenſe ils ſont fort à charge, puiſqu'ils ſont défrayés par le chemin, avec toute leur ſuite, & avec tout leur équipage.

Les vivres & le fourage ne nous manquerent pas dans le voyage, parce que les Chinois étoient obligez de nous les fournir gratis, ce qui étoit fort commode pour nous, quoique nous n'y profitaſſions rien. Nous étions forcez à les payer au prix courant, & l'Intendant ou Maître d'Hôtel du Mandarin venoit nous en demander le payement avec beaucoup de régularité. Ainſi la permiſſion que le Seigneur nous avoit donnée, de voyager à ſa ſuite, étoit très commode pour nous, ſans qu'elle doive paſſer pour une grande faveur. Il y gagnoit beaucoup au contraire, car il y avoit une trentaine de gens qui le ſuivoient de cette maniere, & qui lui payoient tout ce que le peuple leur fourniſſoit pour rien.

Nous fûmes 25. jours en chemin avant que d'arriver à *Peking*. Le païs que nous traverſâmes eſt à la vérité extrémement peuplée, quoiqu'aſſez mal cultivé. L'œconomie de ces gens eſt fort peu de choſe, & leur maniere de vi-

vivre misérable, comparée à la nôtre. Il est vray que ces malheureux, dont on vante tant l'industrie, ne sentent pas leur misére, & se croyent assez heureux parce qu'ils n'ont pas seulement l'idée du bonheur dont joüissent les Sujets chez les Nations bien policées de nôtre Europe. L'orgüeüil des Chinois est extraordinaire, & n'est surpassée, que par leur pauvreté à laquelle ils mettent le comble. A mon avis les Sauvages de l'Amérique sont plus heureux que ces gens-cy. Ils n'ont rien, mais ils ne desirent rien; au lieu que les Chinois sont superbes, & insolens au milieu de leur gueuserie. Il n'est pas possible d'exprimer leur ostentation qu'on remarque sur tout dans leurs habits, dans leurs bâtimens, dans le nombre de leurs Esclaves, & ce qu'il y a de plus ridicule, dans le mépris qu'ils affectent pour toutes les autres Nations.

J'avoüe que dans la suite j'ai voyagé avec plus d'agrément dans les affreux deserts de la grande Tartarie, que je ne faisois dans la Chine, malgré la bonté des chemins, qui y sont parfaitement bien entretenus. Rien ne me choquoit d'avantage, que de voir ce peuple hautain, impérieux, insolent, au milieu de la misére, & de la plus grossiére ignorance, laquelle, ceux qui n'en jugent que superficiellement, traitent d'esprit & d'industrie. Quoique leurs manieres me rebutassent au suprême degré, je ne laissois pas de m'en divertir souvent avec le P. *Simon*. Un jour en

ap-

approchant du Château prétendu d'un espèce de Gentilhomme Campagnard, nous eûmes d'abord l'honneur d'être en Compagnie du Maître, pendant une grande demie-lieuë du chemin. Son équipage étoit un *Don Quichotisme* parfait, un vrai mélange de pompe & de pauvreté; l'habillement de ce Don Chinois auroit convenu à merveille à un *Trivelin*, où à un *Jean potage*. C'étoit une toile d'Indes richement brodée de graisse; on y voyoit briller tout l'ornement nécessaire pour le rendre ridicule; de grandes manches pendantes, des falbalas, &c. Cette robe magnifique couvroit une veste de taffetas noir aussi gras que celle d'un boucher, preuve convainquante que celui qui la portoit étoit un salop insigne.

Son cheval étoit une noble copie du fameux Rossinante. Il étoit vieux, maigre, & à moitié mort de faim, on en acheteroit un meilleur en Angleterre pour la somme d'une Guinée & demie; aussi n'auroit-il pas pris la peine de marcher, si deux Esclaves, qui suivoient le Chevalier à pied, armez de bons foüets, n'avoient donné courage à cette haridelle. Il avoit encore un foüet à la main lui-même, qui ne lui étoit pas inutile, & il travailloit du côté de la tête & des épaules du noble animal, dans le temps que ses palfreniers exerçoient leurs forces sur les parties posterieures.

Pour comble de pompe, il étoit encore ac-
com-

compagné de 10. ou 12. autres Esclaves; on peut juger de la magnificence de leur livrée, par la description, que j'ai faite de l'habit du Maître. Nous aprîmes qu'il venoit de la Ville pour aller se promener à sa terre, qui étoit à peu près à une demie lieuë de nous. Nous marchâmes au petit pas, pour joüir plus long-tems de la brillante figure de ce Chevalier; mais enfin il prit les devans, parce que nous trouvâmes à propos de nous arrêter à un Village pour nous y rafraîchir. Peu de tems après étant arrivé devant son château, nous l'y trouvâmes qui dînoit dans une petite cour devant sa porte. C'étoit par simple orgueüil qu'il avoit choisi cet endroit exposé aux yeux des passans, & l'on nous dit que plus nous le regarderions & plus nous flatterions sa vanité.

Il étoit assis à l'ombre d'un arbre semblable à un *Palmier nain*, sous lequel, pour se défendre encore mieux des rayons du Soleil, il avoit fait placer un grand *Parasol*, qui ne representoit pas mal un *Dais*, & par conséquent qui contribuoit beaucoup à rendre ce spectacle pompeux. Il étoit renversé dans un grand fauteüil, qui avoit de la peine à contenir tout le volume de sa grosse corpulence, & il étoit servi par deux Esclaves femelles, qui apportoient les plats. Il y en avoit encore deux autres du même sexe, qui s'acquittoient d'un emploi, que peu de Gentilshommes Européens voudroient exiger de leurs Domestiques.

ques. L'une lui mettoit la soupe dans la bouche avec une cuillere, pendant que l'autre tenoit l'assiete, & ramassoit les bribes qui tomboient de la barbe, & de la veste de taffetas de sa Seigneurie. Ce noble cochon croyoit au dessous de lui de se servir de ses propres mains dont nos Rois font usages dans de pareilles occasions, plûtôt que de se laisser aprocher par les doigts de leurs Domestiques.

Je ne pouvois m'enpêcher de réfléchir sur les peines ridicules, où l'orgueüil des hommes les jette, & sur l'embarras où un homme qui a le sens commun, se doit trouver quand il se sent un penchant malheureux pour la vanité. Fatigué à la fin de voir la fatuité de ce pauvre animal, qui s'imaginoit que nous étions extaziez d'admiration, dans le tems que nous le regardions d'un œil de pitié & de mépris nous continuâmes nôtre voyage, le seul P. Simon s'arrêta là encore pendant quelques momens, curieux de voir de près les mets dont ce Gentilhomme se bourroit la bedaine avec tant d'ostentation. Il nous raporta qu'il y avoit goûté, & que c'étoient des ragouts dont un dogue Anglois voudroit à peine appaiser sa faim. C'étoit un plat de ris bouilli, dans lequel il y avoit une grande gousse d'ail, & un petit sachet rempli de poivre verd, & d'une autre plante qui ressemble à du gingembre, qui a l'odeur du musc, & le goût de moutarde, tout cela étoit étuvé avec une petite piéce de mouton fort
mai-

maigre; voilà tout le dîner que cet animal offroit en spectacle aux passans, dans le temps qu'outre les quatre Servantes on voyoit encore à une certaine distance de la table, quatre ou cinq Esclaves mâles tout prêts à exécuter les ordres de son excellence. Si leur table étoit plus mauvaise que celle de leur maître, il est certain qu'ils n'étoient pas trop bien nourris.

Pour nôtre *Mandarin* il faut avouer qu'il y avoit plus de réalité dans la magnificence dont il faisoit parade. Il étoit respecté comme un Roi, & toûjours tellement entourré de ses Gentils-hommes & de ses Officiers que je ne pûs jamais le voir, qu'à une certaine distance.

Il est vrai que dans tout son équipage, il n'y avoit pas un seul Cheval qui me parut meilleur que nos Chevaux de somme, mais ils étoient si bien cachez de couvertures & de harnois, qu'il ne me fut pas possible de remarquer s'ils étoient gras ou maigres. Tout ce qu'on en voyoit c'étoit les pieds & la tête.

Débarrassé alors de toutes les inquiétudes qui m'avoient si fort agité, je fis gayement tout ce Voyage, & ce qui augmenta ma belle humeur, c'est que je l'achevai sans essuïer le moindre catastrophe; excepté qu'au passage d'une petite riviére, mon cheval tomba, & me jetta au beau milieu de l'eau. Elle n'étoit pas fort profonde; mais je ne laissai
pas

pas de me mouiller depuis les pieds jusqu'à la tête. Ce qui gâta absolument le petit livre dans lequel j'avois écrit les noms des Peuples & des Villes, dont je voulois me souvenir.

Nous arrivâmes à la fin à Peking; je n'avois d'autre Domestique, que le Valet que mon Neveu m'avoit donné & qui étoit un fort brave garçon. Toute la Suite de mon Associé consistoit aussi dans un seul garçon qui étoit nôtre Compatriote. Nous avions encore avec nous le vieux Pilote Portugais qui avoit envie de voir la Cour Chinoise, & que nous défrayâmes pendant le voyage, pour nous en servir en qualité d'Interpréte. Il entendoit fort bien la Langue du païs, parloit bon François, & même il savoit assez d'Anglois, pour se faire entendre.

Ce bon vieillard nous fut d'une grande utilité, & il nous donna mille marque de son affection pour nous. A peine avions-nous passé une semaine à *Peking* qu'ils nous vint parler en riant de tout son cœur. *Ah, Seigneur Anglois,* me dit-il, *j'ai la meilleure nouvelle du monde à vous donner.* Je lui répondis que dans ce païs-là je ne m'attendois pas à des nouvelles fort bonnes ni fort mauvaises. Je vous assure, reprit-il, qu'elle est fort bonne pour vous, quoiqu'elle soit bien mauvaise pour moi. Vous m'avez défrayez dans un voyage de 25. journées, & vous me laisserez retourner tout seul, sans Vaisseau, sans cheval, & sans argent.

Pour

Pour faire court, il nous dit qu'il y avoit dans la Ville une grande Caravane de Marchands Moscovites & Polonois, qu'ils se préparoient à retourner chez eux par la grande Russie, qu'ils avoient résolu de partir en 5. ou 6. semaines de là, & qu'il ne doutoit point que nous ne nous servissions de cette occasion si favorable.

J'avouë que cette nouvelle me fit un sensible plaisir. Une joye inexprimable se repandit dans mon ame, & m'empêcha pendant quelque momens de répondre un mot au bon Vieillard. Enfin étant revenu de cette extaze, je lui demandai comment il savoit ce qu'il venoit de raporter & s'il en étoit bien sûr. *Très-sur*, me répondit-il, *j'ai rencontré dans la ruë ce matin une de mes vieilles connoissances; c'est un Arménien qui est venu d'Astracam, dans le dessein de s'en aller à Tunquin où je l'ai vû autrefois; mais ayant changé de sentiment, il veut aller avec cette Caravane jusqu'à Moscovu & de là il a envie de descendre le Wolga, pour retourner à Astracam.* » J'en suis charmé, » Monsieur, lui dis-je, mais je vous prie de » ne vous point affliger d'une chose que je regarde comme un grand bonheur pour moi. » Si vous vous en retournez tout seul à Macao, ce sera vôtre propre faute.

Là-dessus je consultai mon Associé sur l'ouverture qu'on venoit de nous donner, & je lui demandai si ce parti l'accommoderoit. Il me dit, qu'il feroit tout ce que je trouverois

rois bon. Qu'il avoit si bien établi ses affaires à Bengale ; & laissé ses effets en de si bonnes mains que s'il pouvoit mettre ce qu'il venoit de gagner dans ce dernier voyage, en soyes de la Chine cruës & travaillées, il se feroit un plaisir d'aller en Angleterre, d'où il pourroit retourner aisément à Bengale, avec les Vaisseaux de la Compagnie.

Etant demeurez d'accord là-dessus, nous résolûmes de prendre le vieux Pilote avec nous, s'il vouloit, & de le défrayer jusqu'à *Moscovu*, ou jusqu'en Angleterre. Si nous n'avions pas eu envie de lui donner quelqu'autre récompense, nous n'aurions pas merité par là de passer pour genereux. Il nous avoit rendu des services considérables, non seulement sur mer, mais encore à terre, où il s'étoit interessé dans nos affaires avec toute l'affection imaginable. Le seul plaisir qu'il nous avoit fait en nous amenant le Marchand Japponnois, nous avoit valu un profit de plusieurs centaines de livres St. Ainsi lui faire du bien n'étoit que lui rendre justice. Nous resolumes donc de lui faire present d'une petite somme en or monoyé montant à peu près à la valeur de 175. livres sterling, & de le défrayer lui & son cheval, s'il vouloit nous accompagner ; nous le souhaitions de tout nôtre cœur, parce qu'il pouvoit nous être très-nécessaire en plusieurs occasions.

Nous le fimes venir pour lui communiquer

nôtre résolution. Je lui dis qu'il s'étoit plaint de la nécessité de s'en retourner tout seul, mais que j'étois d'avis qu'il ne retournât point du tout, que nous avions résolu d'aller en Europe avec la Caravanne & de le prendre avec nous, s'il avoit envie de nous suivre. Le bon homme secoüa la tête à cette proposition ; il nous dit, que ce voyage étoit bien long, & qu'il n'avoit point d'argent, pour en soutenir les frais, ni pour subsister, dans l'endroit où nous le menerions. Je lui répondis, que je le croyois bien, & que c'étoit pour cela même, que nous avions résolu de faire quelque chose pour lui, afin de lui faire connoître, que nous étions sensibles aux services qu'il nous avoit rendus, & que sa compagnie nous étoit agréable. Là-dessus je l'informai du present que nous avions dessein de lui faire, & je lui dis que par raport aux frais du Voyage, nous l'en déchargerions entierement, & que nous livrerions à nos dépens, ou en Moscovie, ou en Angleterre, selon qu'il le trouveroit bon, à condition seulement que s'il mettoit l'argent, que nous lui donnerions en Marchandises, il les transporteroit à ses propres frais.

Il reçut ma proposition avec des transports de joye, & répondit qu'il nous suivroit au bout du monde, si nous voulions, & là-dessus nous préparâmes tout pour le voyage, ce qui nous coûta plus de tems que nous n'avions d'abord crû. Heureusement la même chose arriva aux autres Marchands de la Caravane, qui au lieu d'être prêts en 5. ou 6. semaines, eurent besoin de plus de quatre mois, avant que d'être en état de partir.

C'étoit au commencement de Février vieux stile, quand nous sortîmes de Peking. Mon Associé & le vieux Pilote avoient été faire un tour ensemble, vers le petit port, où nous étions entrez, pour disposer de quelques Marchandises que nous y avions laissées, & dans cette intervalle moi avec un Marchand Chinois, que j'avois connu à Nanquin, j'étois allé acheter dans cette Ville 90. piéces de beau Damas, avec environ 200. autres piéces d'étoffe de soye, parmi lesquelles il y en avoit, qui étoient rayées d'or, une assez grande quantité de soyes cruës, & d'autres denrées du païs. Tout cela étoit déja arrivé à Peking, avant le retour de mon Associé, & cet achat nous coûtoit la somme de trois mille cinq cens livres sterling. Pour charger toutes ces Marchandises jointes à une assez grande quantité de thé & de belles toiles peintes, il nous falloit 18. Chameaux, outre ceux qui nous devoient porter ; nous avions de plus deux chevaux de main ; & 3. pour porter nos provisions, de maniere que nôtre équipage consistoit en 26. tant Chameaux que Chevaux.

La Caravane étoit grande, elle étoit composée, si je m'en souviens bien, d'à peu près trois cens cens bêtes de charge, & d'environ cent vingt hommes parfaitement bien armez, & préparez à tout évenement. Car comme les Caravanes Orientales sont sujettes aux attaques des Arabes, celles ci le sont aux insultes des Tartares qui ne sont pas pourtant si dangereux que les autres, ni si cruels, quand ils ont le dessus.

Nous étions de plusieurs Nations differentes. Mais les Moscovites faisoient le plus grand nombre. Il y avoit du moins 60. habitans de la Ville de Moscow, parmi lesquels il se trouvoit quelque Livoniens, & ce qui nous faisoit grand plaisir, cinq Ecossois gens riches, & très versez dans les affaires, qui regardent le commerce, & les voyages.

Après que nous eûmes fait la premiere journée, nos guides, qui étoient au nombre de cinq, apellérent tous les Marchands, & tous les Passagers, excepté les Valets, pour tenir un grand Conseil, selon la coûtume de toutes les Caravanes de ce païs. Dans cette assemblée chacun donna un petite somme pour faire une bourse commune, afin de payer le fourage, & d'autres choses dont on pouvoit avoir journellement besoin. On y regla tout le Voyage, on nomma des Capitaines, & d'autres Officiers pour nous commander, en cas que nous fussions attaquez, & tous ces réglemens ne se firent pas par autorité, mais par un consentement unanime de tous les Voyageurs, qui étoient tous également interressez dans le bien commun de la Caravane.
La

La route de ce côté là va par un païs extrémement peuplé ; il y a sur tout un grand nombre de Potiers, & des gens qui préparent la belle terre, dont on fait ces vases si estimez dans tout le monde. Au milieu de la marche, nôtre vieux Portugais, qui avoit toûjours quelque chose à dire pour nous divertir, vint me joindre, en me promettant de me faire voir la plus grande curiosité de toute la Chine, qui me convaincroit malgré tout le mal que je disois tous les jours de ce païs, qu'on y voyoit ce qu'il étoit impossible de voir dans tout le reste de l'Univers. Après s'être long-tems laissé tirer l'oreille pour s'expliquer plus clairement, il me dit, que c'étoit une maison de campagne toute faite de *terre de Chine*. » A d'autres, *lui dis-je*, la chose est aisée à « comprendre, toutes les briques qu'on fait « dans ce païs ici, sont de *terre de Chine*, & « ce n'est pas un grand miracle. *Vous n'y êtes* « *pas*, répondit-il, DE TERRE DE CHINE, *de véritable Porcelaine*. » Cela se peut, *lui* « *répliquai je*, de quelle grandeur est-elle, « cette maison-là ? Si nous pouvons l'empor- « ter avec nous dans une boëte, sur un Cha- « meau, nous l'acheterons volontiers, si l'on « veut s'en défaire. « *Sur un Chameau* ! répartit le vieux Pilote, en levant les mains vers le Ciel : *C'est une maison où demeure une famille de trente personnes.*

Voyant qu'il parloit sérieusement, je fus fort curieux d'aller voir cette merveille, &
voici

voici ce que c'étoit. Tout le Bâtiment, étoit fait de charpente, & de plâtre ; mais le plâtre étoit réellement de cette même terre dont on fait la Porcelaine. Le dehors qui étoit exposé à la chaleur du Soleil, étoit vernisé, d'une blancheur éclatante, peint de figures bleuës, comme les grands vases, qui viennent de ce païs-là, & aussi dur comme si le tout avoit été cuit au four. Au dedans toutes les murailles étoient composées de carreaux durcis au four & peints, à peu près de la même grandeur, de ceux qu'on trouve en Angleterre & en Hollande, & ils étoient tous de la plus belle Porcelaine qu'on puisse voir ; la peinture en étoit charmante, variée par différentes couleurs mêlées d'or, plusieurs de ces carreaux ne faisoient qu'une même figure, mais ils étoient joints ensemble, par du mortier de la même terre, avec tant d'art, qu'il étoit difficile, de ne les pas prendre pour une seule & même piéce. Les pavez étoient de la même matiere, & aussi durs, que les pavez de pierre qu'on trouve en plusieurs Provinces d'Angleterre, sur tout en *Lincolnshire*, *Nottinghamshire*, & *Leicestershire* ; cependant ils n'étoient ni peints ni durcis au four, excepté dans quelques cabinets, où ils étoient de ces mêmes petits carreaux, qui couvroient les murailles. Les Caves, en un mot toute la maison étoit faite de la même terre ; & le toît étoit couvert de carreaux de Porcelaine d'un noir fort lustré & brillant

C'é

C'étoit à la lettre une *maiſon de Porcelaine*, & ſi je n'avois pas été en marche, j'étois homme à m'arrêter là pluſieurs jours, pour en examiner toutes les particularitez. On me dit que dans le Jardin il y avoit des viviers, dont le fond & les côtez étoient couverts de la même ſorte de carreaux, & que dans les allées il y avoit de parfaitement belles ſtatuës de Porcelaine.

On feroit une grande injuſtice aux Chinois ſi on n'avoüoit pas qu'ils excellent dans ces ſortes d'ouvrages, mais il eſt ſûr en même tems, qu'ils excellent dans les contes borgnes, qu'ils débitent ſur leur induſtrie à cet égard. Ils m'en ont dit des choſes ſi peu vraiſemblables que je ne veux pas me donner la peine de les raporter. J'en donnerai pourtant ici un échantillon. Ils m'ont dit qu'un de leurs Artiſans avoit fait tout un Vaiſſeau de Porcelaine, avec tout ſes agrez, mâts, voiles, cordages, & que ce navire fragile étoit aſſez grand pour contenir cinquante perſonnes. Pour rendre la choſe plus touchante, ils n'avoient qu'à y ajoûter, qu'on avoit fait le voyage du Japon avec ce Vaiſſeau, j'y aurois ajoûté foi tout de même qu'au reſte, car reverence parler je crois fort, qu'ils en ont menti bien ſerré.

Ce ſpectacle extraordinaire me retint là deux heures après que la Caravane étoit déja paſſée ; ce qui porta celui qui commandoit ce jour là, à me condamner à une Amende de trois *Schellins* à peu près, & il me dit que si la même chose étoit arrivée à trois journées au de-là de la *Muraille*, au lieu que nous étions trois journées en deça, il m'en auroit coûté quatre fois autant, & que j'aurois été obligé d'en demander pardon le premier jour de Conseil général. Je promis d'être desormais plus exact, & j'eus lieu dans la suite d'observer que l'ordre de ne se pas éloigner les uns des autres est d'une necessité absoluë pour les Caravanes.

Deux jours après, nous vîmes la fameuse muraille qu'on a faite pour servir d'un boulevard aux Chinois, contres les irruptions des Tartares. C'est assurément un ouvrage d'un travail immense; elle va même sans aucune nécessité par dessus des montagnes, & des Rochers qui sont impratiquables d'eux-mêmes & beaucoup plus difficiles à forcer que la Muraille même, dans les autre endroits.

Elle a un millier de milles d'Angleterre d'étenduë, à ce qu'on prétend, mais le païs qu'elle couvre, n'en a que cinq cens, à le conter sans les détours, qu'on a été obligé de faire en bâtissant la muraille; elle a 24. pieds de hauteur, & autant d'épaisseur en quelques endroits.

Pendant que la Cavarane passoit par une des portes de cette espece de fortification, je pouvois examiner cet ouvrage si fameux pendant une bonne heure sans pécher contre nos réglemens; j'eus le loisir par conséquent de la comtempler de tous côtez, autant que pouvoit

voit porter ma vûë. Nôtre Guide Chinois, qui nous en avoit parlé, comme d'un des prodiges de l'Univers, marqua beaucoup de curiosité pour en savoir mon opinion. Je lui dis que *c'étoit la meilleure chose du monde contre les Tartares* ; Il n'y entendit point de malice, & prit ces expressions pour un compliment fort gracieux ; mais nôtre vieux Pilote n'étoit pas si simple. *Il y a du Cameleon dans vos discours*, me dit-il, "Du Cameleon ? lui répondis-je, qu'entendez-vous par là ? *Je veux dire*, reprit-il, *que le discours que vous venez de tenir au Guide paroit blanc quand on le considere d'ici, & noir quand on le considere de là. Que c'est un compliment d'une maniere, & une satire d'une autre. Vous dites que cette muraille est bonne contre les Tartares, vous me dites par là à moi, qu'elle n'est bonne que contre les Tartares seuls. Le Seigneur Chinois vous entend à sa maniere, & il est content, & moi je vous entends à la mienne, & je suis content aussi.* " Mais ai-je grand tort, dans vôtre sens, *lui dis-je*, croyez-vous que cette belle muraille soûtiendroit les attaques d'une armée d'Européens pourvûë d'une bonne Artillerie, & de bons Ingenieurs ? N'y feroit-elle pas en dix jours de tems une brêche assez grande pour y entrer en bataille rangée, ou bien ne la feroit-elle pas sauter en l'air avec ses fondemens d'un maniere à faire douter qu'il y eût jamais eu une muraille dans cet endroit.

Nos Chinois étoient fort curieux de savoir ce que j'avois dit au Pilote, & je lui permis de les en instruire quatre ou cinq jours après, étant alors à peu près hors de leurs frontieres, & sur le point de nous separer de nos Guides. Dès qu'ils furent informez de l'opinion, que j'avois de leur belle muraille, ils furent muets pendant tout le resté du chemin, qu'il avoit encore à faire avec nous, & nous fumes quittes de toutes ces belles histoires, touchant la grandeur & la puissance Chinoise.

Après avoir passé ce *magnifique Rien* apellé la *Muraille de la Chine*, semblable à peu près à celle que les Romains ont faite autre fois dans le Northumberlant, contre les invasions des Piétes, nous commençâmes à trouver le Païs assez mal peuplé ; on peut dire même que les habitans y sont en quelque sorte emprisonnez dans des places fortes, parce qu'ils n'en osent sortir, qu'à peine, de devenir la proye des Tartares, qui volent les grands chemins avec des armées formelles, & à qui il seroit impossible aux habitans de resister en raze campagne.

Je commençois alors à remarquer parfaitement bien la necessité qu'il y avoit, à ne se pas éloigner des Caravanes, en voyant des troupes entieres de Tartares roder autour de nous. Ils aprochoient assez de nous pour que je puisse les examiner à mon aise, & j'avouë, que je suis surpris qu'un Empire comme celui de la Chine ait pû être conquis, par des

laquins

faquins aussi miserables, que l'étoient ceux qui s'offroient à mes yeux ; ce n'étoit que des bandes confuses, sans ordre, sans discipline, & presque sans armes.

Leurs chevaux sont maigres, à moitié morts de faim, mal dressez, en un mot ils ne sont bons à rien. J'eus l'occasion de remarquer ce que je viens de dire, le premier jour, après avoir passé la muraille. Celui qui nous commandoit alors nous permit au nombre de seize, d'aller à la chasse de certains moutons sauvages, qui sont assurement les plus vifs & les plus alertes de toute leur espece. Ils courent avec une vitesse étonnante, mais ils se fatiguent aisement, & quand on en voit, on est sûr de ne les pas courir en vain; ils paroissent d'ordinaire une quarantaine à la fois, & comme de véritables moutons, ils se suivent toûjours les uns les autres.

Au milieu de cette chasse burlesque nous rencontrâmes plus de quarante Tartares. Si leur but étoit d'aller à la chasse des moutons, comme nous, ou s'ils cherchoient quelqu'autre proye, c'est ce que j'ignore, mais dès qu'ils nous découvrirent, un d'entr'eux se mit à sonner d'une espece de cor, dont le son étoit afreux. Nous suposames tous, que c'étoit pour donner le signal à leurs amis de venir à eux, & cette suposition ne se trouva pas fausse, car en moins d'un demi quart d'heure nous vîmes une autre troupe tout aussi forte paroître à un demi-mille de nous.

Heureusement il y avoit parmi nous un Marchand Ecossois habitant de Moscow, qui dès qu'il entendit le cor, nous dit qu'il n'y avoit rien à faire, que de charger brusquement cette canaille sans aucun délai, & nous rangeant tous sur une même ligne, il nous demanda si nous étions prêts à donner. Comme il vit, que nous étions résolus de le suivre, il se mit à nôtre tête, & s'en fut droit à eux.

Les Tartares nous regardoient d'un œil hagard, ne se mettant point du tout en peine de se ranger dans quelqu'ordre, mais dès qu'ils nous virent avancer, ils nous lâcherent une volée de leurs flêches dont heureusement aucune ne nous toucha. Ce n'est pas qu'ils eussent mal visé, mais ils avoient tiré d'une trop grande distance ; leurs flêches tomberent justement devant nous, & si nous avions été plus près d'eux d'une vingtaine de verges, plusieurs de nous auroient été tuez, ou du moins blessez.

Nous fimes d'abord halte, & quoique nous fussions assez éloignez de cette canaille, nous fimes feu sur eux, & nous leur envoyâmes des balles de plomb, pour leurs flêches de bois. Nous suivîmes nôtre décharge au grand galop, pour tomber sur nos ennemis le sabre à la main, selon les ordres de nôtre courageux Ecossois. Ce n'étoit qu'un Marchand, mais il se conduisit dans cette occasion avec tant de bravoure, & avec une valeur si tranquille.

quille, qu'il paroiſſoit être fait pour les emplois militaires.

Dès que nous fûmes à portée de ces miſérables, nous leur lâchames nos piſtolets dans la mouſtache, & immédiatement après nous mîmes flamberge au vent; mais nous aurions pû nous épargner cette peine, puiſque nos faquins s'enfuirent avec toute la confuſion imaginable.

C'eſt ainſi que finit nôtre combat, où nous n'eûmes d'autres déſavantages, que la perte des Moutons que nous avions pris à la Chaſſe; nous n'eûmes ni morts ni bleſſez; mais du côté des Tartares, il y en eût cinq de tuez, pour le nombre des bleſſez je n'en puis parler; mais ce qu'il y a de certain c'eſt que la ſeconde troupe, qui étoit venuë au bruit du Cor, effrayée de nos armes à feu, ne fut nullement d'humeur à tenter quelque choſe contre nous.

Il faut remarquer que cette action ſe paſſa dans le territoire des Chinois, ce qui empêcha ſans doute les Tartares de pouſſer leur pointe avec la même opiniâtreté, que nous leur avons remarquée dans la ſuite. Cinq jours après nous entrâmes dans un grand deſert, que nous traverſâmes en trois marches. Nous fumes obligez de porter nôtre eau avec nous dans des outres, & de camper pendant les nuits, comme j'ai entendu, qu'on fait dans les deſerts de l'Arabie.

Je demandai, à qui appartenoit ce pays-là,

là, & l'on m'aprit que c'étoit une espece de *Liziere*, qui n'étoit proprement à personne, étant une partie de la *Karakathie* ou *Grande Tartarie*, mais que cependant on les rangeoit en quelque sorte sous les domaines de la Chine ; que les Chinois pourtant ne prenoient pas le moindre soin pour le garantir contre les brigandages, & que par consequent c'étoit le plus dangereux desert du monde, quoiqu'il y en ait de bien plus étendus.

En le traversant nous vîmes à plusieurs reprises de petites troupes de Tartares, mais ils sembloient ne songer qu'à leurs propres affaires, sans vouloir se mêler des nôtres, & pour nous, nous trouvîmes bon d'imiter cet homme, qui rencontrant le Diable en son chemin, dit que si Satan n'avoit rien à lui dire, il n'avoit rien à lui dire non plus.

Un jour néanmoins une de ces bandes assez forte nous ayant aproché de fort près, nous examina avec beaucoup d'attention, en déliberant aparemment si elle nous attaqueroit, ou non. Là-dessus nous fimes une arriere-garde d'environ 40. hommes tous prêts à étriller ces coquins de la belle maniere, & nous nous y arrêtames jusqu'à ce que la Caravane eût gagné le devant d'une demi-lieuë. Mais nous voyant si résolus ils firent la retraite, se contentant de nous saluer de cinq flêches, une desquelles estropia un de nos chevaux d'une telle maniere, que nous

fumes

fumes obligez de l'abandonner.

Nous marchâmes ensuite pendant un mois par des routes, qui n'étoient pas si dangereuses, & par un pays, qui est censé être encore du territoire de la Chine. On n'y voit presque que des villages, excepté quelques petits bourgs fortifiez contre les invasions des Tartares. En arrivant à un de ces bourgs, situé à peu près à deux journées de la Ville de *Naum*, j'avois besoin d'un Chameau. Il y en a quantité dans cet endroit, aussi bien que des Caravanes qui passent par là frequemment achetent d'ordinaire. La personne à qui je m'adressai pour trouver un bon Chameau s'offrit à me l'aller chercher, mais comme un vieux fou, je voulus lui tenir compagnie. Il falloit faire deux lieuës pour arriver à cet endroit, où ces animaux sont à l'abri des Tartares parce qu'on y a mis une bonne garnison. Je fis ce chemin à pied, avec mon Pilote Portuguais, étant bien aise de me divertir par cette petite promenade, & de me delasser de la fatigue d'aller tous les jours à cheval. Nous trouvâmes la petite Vile en question située dans un terrain bas & marécageux, environné d'un rempart de pierre mises les unes sur les autres, sans être jointes par du mortier, comme les murailles de nos *Parcs* en Angleterre, & défenduë par une garnison Chinoise qui faisoit la garde à la porte.

Après y avoir acheté un Chameau qui m'am'agréoit, nous nous en revînmes avec un Chinois, qui conduisoit la bête, outre celui qui l'avoit venduë. Mais bientôt nous vîmes venir à nous cinq Tartares à cheval, deux desquels attaquérent nôtre Chinois, & lui ôtérent nôtre Chameau, dans le tems que les trois autres nous tombérent sur le corps à mon Pilote & à moi, nous voyant pour ainsi dire sans armes, puisque nous n'avions que nos Epées qui ne pouvoient pas nous servir beaucoup contre des Cavaliers.

Un de ces gens, comme un vrai-poltron, arrêta son cheval tout court, dès qu'il me vit tirer mon épée, mais en même tems un second m'attaquant du côté gauche, me porta un coup sur la tête, dont je ne sentis rien du tout, sinon lorsqu'étant revenu à moi, & me trouvant à terre tout étendu je me trouvai extrémement étourdi, sans en comprendre la cause. Dès que mon brave Portugais me vit tomber, il tira de sa poche un pistolet, dont il s'étoit muni à tout hazard, sans que j'en susse rien, non plus que les Tartares, qui nous auroient laissé en repos s'ils avoient pû le soupçonner. Il s'avança hardiment sur ces ces marauts, & saisissant le bras de celui qui m'avoit porté le coup, & le faisant pencher de son côté il lui fit sauter la cervelle. Dans le même moment tirant un cimeterre qu'il avoit toûjours à son côté, il joignit l'autre qui s'étoit arrêté d'abord devant moi, & lui porta un coup de toutes ses forces. Il manqua

l'homl'homme, mais il bleſſa le Cheval à la tête, & la pauvre bête devenuë furieuſe par la douleur, emporta à travers champs ſon Maître, qui ne pouvoit plus le gouverner, mais qui étoit trop bon Cavalier pour ne s'y pas tenir. A la fin pourtant le cheval s'étant cabré le fit tomber, & ſe renverſa ſur lui.

Dans ces entrefaites le Chinois à qui on avoit attaché le Chameau, & qui n'avoit point d'armes, courut de ce côté-là, & voyant que le Tartare renverſé avoit à ſon côté un vilain inſtrument, qui reſſembloit aſſez à une hache d'armes, il s'en ſaiſit, & lui en caſſa la tête. Mon brave Vieillard cependant avoit encore ſur les bras un troiſiéme Tartare, & voyant qu'il ne fuyoit pas, comme il avoit eſpéré, & qu'il ne l'attaquoit pas non plus, comme il avoit craint; mais qu'il ſe tenoit immobile à une certaine diſtance, il ſe ſervit de cet intervalle pour recharger ſon piſtolet. Dès que le Brigand apperçût cet inſtrument, qu'il prit peut-être pour un ſecond Piſtolet tout chargé, il crut qu'il ne faiſoit pas bon là pour lui, & s'enfuit au grand galop, & laiſſa mon champion une victoire complete.

Dans ce tems-là je commençai à revenir un peu à moi, & je me trouvai préciſément dans l'état d'un homme, qui ſort d'un profond ſommeil; ſans pouvoir comprendre pourquoi j'étois à terre, ni qui m'y avoit mis; quelques momens après je ſentis des
dou-

douleurs, mais d'une maniere peu distincte: je portai la main à mon front, & je l'en tirai toute sanglante : en suite j'eus une grande douleur de tête, & enfin ma mémoire se rétablit, & mon esprit fut dans le même état qu'auparavant.

Je me relevai d'abord avec précipitation, & je me saisis de mon épée, mais je ne trouvai plus d'ennemis ; je ne vis qu'un Tartare mort près de moi, & son Cheval qui s'arrêtoit tranquillement auprès du cadavre de son Maître ; & plus loin j'aperçûs mon Libérateur, qui après avoir examiné ce que le Chinois avoit fait avec le Tartare renversé sous son Cheval, revenoit vers moi, ayant encore le sabre à la main.

Le bon Vieillard me voyant sur pied, coûrût à moi & m'embrassa avec des transports de joye ; il m'avoit crû mort, mais voyant que j'étoit seulement blessé, il voulut examiner la playe, pour voir si elle n'étoit pas dangereuse. Ce n'étoit pas grand' chose heureusement, & je n'en ai jamais senti la moindre suite, après que le coup fut guéri, ce qui se fit en deux ou trois jours de tems.

Nous ne gagnâmes pas un gros butin par cette victoire, nous y perdîmes un Chameau en y gagnant un Cheval, mais ce qu'il y eût de remarquable, c'est que quand nous fûmes revenus à la Caravane le Chinois, qui m'avoit vendu le Chameau, prétendit recevoir

voir le payement. Je n'en voulus rien faire, & il m'appella devant le Juge du Village, où la Caravane s'étoit arrêtée. C'étoit comme un de nos *Juges de Paix*, & pour lui rendre justice, je dois avoüer qu'il agit avec nous avec beaucoup de prudence & d'impartialité. Après nous avoir écoutez l'un & l'autre, il demanda gravement au Chinois qui avoit mené le Chameau, & de qui il étoit le Valet ? » Je ne suis Valet de personne, dit-» il, & je n'ai fait qu'accompagner l'Etranger » qui a acheté le Chameau. » *Qui vous en a prié ?* repliqua le Juge » C'est cet Etran- » ger lui-même, répartit le Chinois. » Eh bien dit il, *vous étiez en ce tems-là le Valet de l'Etranger, & puisque le chameau a été livré à son Valet, il doit être censé avoir été livré au Maître, & il est juste qu'il le paye.*

Il n'y avoit pas un mot à répondre à cette décision ; charmé de voir cet homme établir l'état de la question avec tant de justesse, & raisonner si consequemment, je paye le Chameau sans contester, & j'en fis chercher un autre : on peut bien croire que je m'épargnai la peine d'y aller moi-même ; mon argent perdu & ma tête cassée, étoient deux leçons suffisantes pour m'inspirer plus de précaution.

La Ville de *Naum* couvre les Frontieres de la Chine, on l'apelle une fortification, & s'en est une effectivement, selon la maniere de fortifier les places dans ce Païs-là. J'ose assurer mê-

même que plusieurs millions de Tartares qu'on peut ramasser de la grande Tartarie, ne seroient jamais en état d'en abbattre les Murailles à coups de flêches. Mais apeller cette Ville fortifiée, par raport à nôtre maniere d'attaquer les places, ce seroit se rendre ridicule, pour ceux qui entendent un peu le métier.

Nous étions encore à deux journées de cette place, comme j'ai dit, quand nous fûmes joints par des Couriers, qui étoient envoyez de tous côtez sur les routes, pour avertir tous les Voyageurs, & toutes les Caravanes de s'arrêter, jusqu'à ce qu'on leur eût envoyé des Escortes, parce qu'un Corps de Tartares de dix-mille hommes s'étoit fait voir à trente mille de l'autre côté de la Ville.

C'étoit une fort mauvaise nouvelle pour nous ; il faut avoüer pourtant, que le Gouverneur, qui nous la fit donner, agissoit noblement, & que nous lui avions de très grandes obligations, d'autant plus qu'il tint parfaitement bien sa promesse. Deux jours après nous reçûmes de lui trois cens Soldats de la Ville de *Naum*, & deux cens d'une autre garnison Chinoise, ce qui nous fit pousser hardiment nôtre Voyage. Les trois cens Soldats de *Naum* faisoient nôtre front, & les deux cens autres l'arriere garde : pour nous, nous nous mîmes sur les aîles, & tout le bagage de la Caravane marchoit dans le centre. Dans cet ordre, prêts à nous battre comme il faut
nous

nous crûmes être en état de partager le péril avec les dix mille Tartares ; mais quand nous les vîmes paroître le lendemain, les affaires changèrent de face d'une étrange maniére.

Au sortir d'une petite Ville nommée *Changu*, nous fûmes obligez de très grand matin de passer une petite riviére, & si les Tartares avoient eu le sens commun, ils auroient eu bon marché de nous, en nous attaquant dans le tems que la Caravane étoit passée, & que l'arriére-garde étoit encore de l'autre côté ; mais nous ne les vîmes pas paroître seulement.

Environ trois heures après, étant entrez dans un desert de quinze ou seize milles d'étenduë, nous aperçûmes par un grand nuage de poussiére que l'ennemi n'étoit pas loin, & un moment après nous les vîmes venir à nous au grand galop. Là-dessus les Chinois qui faisoient nôtre avant-garde, & qui le jour auparavant avoient fait extrémement les braves, firent voir une fort mauvaise contenance, en regardant à tout moment derriére eux, ce qui est un signe certain, que le Soldat branle dans le manche. Mon vieux Pilote en avoit fort mauvaise opinion aussi bien que moi. *Seigneur Anglois, il faut encourager ces drôles-là,* me dit-il, *ou nous sommes perdus ; ils s'enfuiront dès que nous aurons les Tartares sur les bras.*

» Je le croi comme vous, *lui répondis-je,*
» mais que faire pour empêcher ce malheur ?

Mon

Mon avis seroit, repliqua-t'il, *qu'on plaçât cinquante de nos gens sur chaque aîle de ce corps de Chinois; ce renfort leur donnera du courage, & il seront braves en compagnie de braves gens.* Sans me donner le tems de lui répondre, je fus joindre au grand galop nôtre Commandant du jour, pour lui communiquer ce Conseil. Il le goûta fort, & dans le moment même il l'éxécuta, & du reste de nos gens il fit un Corps de réserve. Dans cette posture nous continuâmes nôtre marche, en laissant les deux cens autres Chinois faire un Corps à part, pour garder nos Chameaux avec ordre de détacher la moitié de leurs Soldats, pour nous donner du secours s'il étoit nécessaire.

Un moment après les Tartares furent assez proche de nous pour donner. Ils étoient en très grand nombre, & je n'outre point, en disant qu'ils étoient dix mille tout au moins. Ils commencerent par détacher un parti pour nous reconnoître, & pour examiner nôtre contenance. Les voyant passer par devant nôtre front à la portée du fusil, nôtre Commandant ordonna à nos deux aîles d'avancer tout d'un coup avec toute la vitesse possible, & de faire feu dessus. On le fit sur quoi ces Tartares se retirerent vers leurs Gros, pour rendre compte aparemment de la réception que nous venions de leur faire, & à laquelle le reste devoit s'attendre.

Nous vîmes bien que la maniére dont nous
les

les avions faluez n'étoit pas de leur goût. Ils firent halte dans le moment, & après nous avoir confiderez attentivement pendant quelque minutes, ils firent demi tour à gauche, & ils nous quitterent fans faire la moindre tentative. Nous en fûmes charmez, car s'ils avoient poussé leur pointe avec vigueur, il nous auroit été impossible de refister long-tems à toute cette armée.

Etant arrivez deux jours après à la Ville de *Naum* ou *Nawn*, nous remerciâmes le Gouverneur du foin qu'il avoit eu la bonté de prendre de nous, & nous fimes à nous tous une fomme de deux cens écus, pour en faire prefent à nôtre *Efcorte Chinoife*. Nous nous repofâmes là un jour entier.

On peut dire qu'il y a une Garnifon formelle dans cette Ville. Elle eft du moins de neuf cens Soldats, & on l'y a placée, parce qu'autrefois les Frontieres de l'Empire Mofcovite en étoient beaucoup plus proche ; mais depuis le Czar a trouvé bon d'abandonner plus de 200. lieuës de païs, comme abfolument inutile, & indigne d'être confervé, fur tout à caufe de la grande diftance où elle eft du cœur de fon païs, & de la difficulté qu'il y a à y envoyer des troupes. Cette diftance eft en effet très grande, puifque nous avions encore du moins 670. lieuës à faire avant que de venir dans la Mofcovie proprement dite.

Après

Après avoir quitté *Naum*, nous eûmes à passer plusieurs grandes Riviéres, & deux terribles deserts, dont l'un nous couta seize jours de marche. C'est un païs abandonné, comme j'ai dit, & qui n'apartient à personne. Le 13. Mars nous vinmes aux Frontiéres de la Moscovite, & si je m'en souviens bien, la premiere Ville que nous rencontrâmes de la Jurisdiction du Czar, est apellée *Argun*, elle est située à l'Oüest d'une riviére du même nom.

Je me vis arrivé avec toute la satisfaction possible en si peu de temps dans un païs Chrétien, ou du moins de la domination d'un Prince Chrétien, & je n'étois pas le maître de mes transports de joïe. Il est vrai, selon mon opinion, que si les Moscovites méritent le titre de Chrétiens, c'est tout le bout du monde, mais du moins ils se font une gloire de porter ce nom, & ils sont même forts dévots à leur maniere.

Je suis persuadé que tout homme, qui voyageroit par le Monde comme moi, & qui seroit capable de quelque réfléxion, doit sentir avec force, que c'est une grande bénédiction du Ciel d'être né dans un Païs, où le nom de Dieu, & du Sauveur est connu & adoré, & non pas parmi les Peuples livrez par la Providence aux plus grossiéres illusions des Peuples qui rendent un Culte Religieux aux Démons, qui se prosternent devant les bois & devant la pierre, & qui adorent les

Elémens, les Monſtres & les plus vils animaux, ou du moins, qui en adorent les Images. Juſqu'ici nous n'avions paſſé par aucune Ville, qui n'eût ſes Pagodes & ſes Idoles, & où le Peuple inſenſé ne profanât l'honneur dû à la Divinité, à l'ouvrage de ſes propres mains.

Nous étions arrivez du moins alors dans un païs, où l'on voyoit le culte exterieur de la Religion Chrétienne, où l'on fléchiſſoit le genoux au nom de Jeſus Chriſt, & où le Chriſtianiſme paſſoit pour la véritable Religion, quoiqu'elle y fut déshonorée par la plus craſſe ignorance. J'étois charmé d'en remarquer au moins quelques traces, & dans l'extaze de ma joye je fus trouver ce brave Marchand Ecoſſois, dont j'ai fait pluſieurs fois mention, pour mêler ma ſatisfaction avec la ſienne, & le prenant par la main. " Le " Ciel en ſoit beni, *lui dis je*, nous avons " le bonheur de nous trouver parmi ces Chré- " tiens. *Ne vous réjouïſſez pas ſi vîte*, me répondit-il en ſouriant, *ces Moſcovites ici ſont d'aſſez étranges Chrétiens; ils en ont le nom tout au plus, & vous n'en trouverez gueres la réalité, qu'après un bon mois de marche.*

" Tout au moins, *repris-je*, leur Reli- " gion vaut mieux que le Paganiſme, & que " le Culte qu'on adreſſe au Diable. *Il eſt vrai, me dit-il, mais vous ſaurez qu'excepté les Soldats Ruſſiens, qui ſont dans les Garniſons, tout le reſte du païs, juſqu'à plus de trois cens lieuës d'ici est habité par les Payens les plus ignorans, & les plus détestables de l'Univers.* Il avoit raison, & j'en fus bien-tôt témoin oculaire.

Nous étions alors dans le plus grand Continent qu'il y ait dans le monde entier, si j'ai la moindre idée du Globe; du côté de l'Est, nous étions éloignez de la Mer de plus de douze cens milles, du côté de l'Oüest il y en avoit plus de deux mille jusqu'à la Mer Baltique, & plus de trois mille jusqu'au Canal, qui est entre la France & la Grande-Bretagne. Vers le Sud la Mer de Perse, & des Indes étoit distante de nous de plus de cinq mille, & vers le Nord il y en avoit bien huit cents jusqu'à la Mer Glaciale. Si l'on l'on veut en croire quelque Géographes, il n'y a aucune Mer du côté du Nord-Est, & ce Continent s'étend jusques dans l'Amérique; cependant je croi être en état de faire voir par de fortes raisons que leur opinion manque de vrai semblance.

Quand nous fûmes entrez dans l'Empire Moscovite, nous n'eûmes, avant que d'arriver à quelque Ville considérable qu'une considération à faire : savoir que toutes les Riviéres, qui courent vers l'Est, se jettent dans le grand Fleuve *Jamour*, ou *Gamour*, qui selon son cours naturel, doit porter ses eaux dans la Mer Orientale ou Ocean Chinois. On nous debite, que l'embouchure de ce terrible Fleuve est bouchée par une espéce de

Joncs

Joncs d'une grandeur terrible, ayant trois pieds de circonférence, & de plus de vingt de hauteur. Pour dire mon sentiment là-dessus avec franchise, je crois que c'est-là une Fable inventée à plaisir. La Navigation de ce côté-là est absolument inutile, puisqu'il n'y a pas le moindre commerce; tout le païs, par où passe ce Fleuve est habité par les Tartares, qui ne se mêlent que d'élever du Bétail; il n'est pas aparent par conséquent, que la simple curiosité ait jamais porté quelqu'un à descendre ce Fleuve, ou à monter par son embouchure, pour pouvoir nous aprendre des nouvelles. Il reste donc évident, que courant vers l'Est & entrainant avec lui tant d'autres Riviéres, il doit se répandre de ce côté-là dans l'Ocean.

A quelque lieuës du côté du Nord de ce Fleuve, il y a plusieurs Riviéres considérables dont le cours est aussi directement Septentrional, que celui du *Jamour* est Oriental. Elles vont toutes porter leurs eaux dans le grand Fleuve nommé *Tattar*, qui a donné son nom aux Tartares les plus Septentrionaux, qu'on apelle les *Tartares Mongul*, qui au sentiment des Chinois, sont les plus anciens de tous les differens Peuples qui portent le même nom; & qui selon nos Geographes, sont les *Gogs* & *Magogs*, dont il est parlé dans l'Ecriture Sainte.

Toutes ces Rivieres prenant leurs cours du côté du Nord, comme j'ai dit, prouvent évidemment que le Païs dont je parle, doit encore être borné de ce côté là par l'Ocean Septentrional ; de maniére qu'il n'est nullement probable que ce Continent puisse s'étendre de ce côté-là jusques dans l'Amérique, & qu'il n'y ait point de communication entre l'Ocean du Septentrion & de l'Orient. Je ne me suis si fort étendu là-dessus, que parce que j'eûs alors l'occasion de faire cette observation, qui est trop curieuse, pour être passée sous silence.

De la Riviére *Arguna* nous avançames à petites journées vers le cœur de la Moscovie, très-obligez à Sa Majesté Czarienne, du soin qu'il a pris de faire bâtir dans ces païs autant de Villes, qu'il a été possible d'y placer, & d'y mettre des Garnisons qu'on peut comparer à ces *Soldats stationnaires*, que les Romains postoient autrefois dans les endroits les plus reculez de leur Empire, pour la sureté du commerce, & pour la commodité des Voyageurs. Dans toutes ces Villes que que nous rencontrames en grand nombre sur nôtre route, nous trouvames les Gouverneurs & les Soldats tous Russiens & Chrétiens. Les Habitans du Païs au contraire étoient des Payens qui sacrifioient aux Idoles, & qui adoroient le Soleil, la Lune, les Etoiles, & *toutes les armées du Ciel*, comme s'exprime l'Ecriture Sainte. Je puis dire même, que c'étoient les plus barbares de tous les Payens que j'ai rencontré dans mes Voyages,

excepté

excepté seulement qu'ils ne se nourrissoient point de chair humaine, comme les Sauvages de l'Amérique.

Nous vimes quelques exemples de leurs barbarie, entre Arguna, & une Ville habitée par des Tartares & des Moscovites mêlez ensemble, & nommée *Nortzinsqoy*. Elle est située au milieu d'un vaste Desert, que nous ne pûmes traverser qu'en vingt jours de marche. Arrivé à un Village voisin de cette Ville, j'eûs la curiosité d'y entrer; la maniére de vivre de ces gens est d'une brutalité afreuse. Ils devoient faire ce jour-là un grand Sacrifice; il y avoit sur le tronc d'un vieux arbre une Idole de bois de la figure la plus terrible, & si l'on vouloit dépeindre le Diable de la maniére la plus effrayante & la plus hideuse, on ne pourroit jamais se régler sur un meilleur modelle. La tête de cette belle Divinité ne ressembloit à celle d'aucun animal, que j'aye jamais vuë, ou dont j'aye la moindre idée. Elle avoit des oreilles aussi grandes que des cornes de Bouc, des yeux de la grandeur d'un écu, un nez semblable à une Corne de bellier, & une gueule comme celle d'un Lion, avec des dents crochuës les plus affreuses, qu'on puisse s'imaginer. Elle étoit habillée d'une maniére proportionnée à son abominable figure. Le corps en étoit couvert d'une peau de mouton avec la laine en dehors, & elle avoit sur la tête un bonnet à la Tartare, armé de deux grandes cornes; sa

hau-

hauteur étoit environ de huit pieds, & ce n'étoit qu'un buste sans bras & sans jambes.

Cette Statuë monstrueuse étoit érigée hors du Village, & quand j'en aprochai, je vis devant elle seize ou dix-sept Créatures humaines ; je ne saurois dire, si c'etoient des hommes ou des femmes, car ils ne distinguent point du tout les Sexes par l'habillement. Ils étoient tous étendus, le visage contre terre, pour rendre leurs hommages à cette hideuse Divinité, & ils étoient tellement immobiles, que je les crus d'abord de la même matiere que l'Idole. Pour m'en éclaircir, je voulus en aprocher davantage, mais je les vis tout d'un coup se lever avec la plus grande précipitation du monde en poussant les hurlemens les plus épouvantables, semblables à ceux d'un dogue, & ils s'en allerent tous, comme s'ils étoient au desespoir d'avoir été troublez dans leur dévotion.

A une petite distance de l'Idole, je vis une espece de hute toute faite de peaux de vaches & de moutons sechées, à la porte de laquelle j'aperçus trois hommes que je ne pouvois prendre que pour des bouchers. Ils avoient de grands couteaux dans la main, & j'aperçus au milieu de cette tente trois moutons & & un jeune taureau égorgez. Il y a de l'aparance que c'étoient des Victimes immolées à ce Monstre de bois, que ces trois barbares étoient les Prêtres & les Sacrificateurs, & que les dix-sept que j'avois interrompus dans

leur

leur Enthouziasme devot, étoient ceux, qui avoient aporté les Victimes pour se rendre leur Dieu favorable.

J'avouë que la grossiereté de leur Idolatrie me choqua davantage qu'aucune autre chose de cette nature, que j'aye vuë de ma vie. J'étois mortifié au suprême degré, de voir la plus excellente Créature de Dieu, à qui, par la Création il a donné de si grands avantages sur les autres animaux, à qui, il a donné une Ame raisonnable, capable d'honorer son Créateur, & de s'en attirer les faveurs les plus glorieuses, s'abâtardir assez pour se prosterner devant un *rien*, qu'il a rendu lui-même terrible. J'étois accablé de douleur en considerant ce Culte indigne, comme un pur effet d'ignorance, changé par le Démon lui-même dans une Dévotion infernale, pour s'aproprier un hommage, & une adoration qu'il envie à la Divinité, à qui seule elle apartient.

Quoique l'illusion de ces pauvres gens fut si basse, & si brutale, que la Nature même paroît devoir en avoir de l'horreur, elle n'étoit pas moins réelle ; j'en voyois des preuves incontestables de mes propres yeux, & il ne m'étoit pas possible d'en douter en aucune maniere. Dans cette situation d'esprit mon étonnement se tourna dans une espece d'indignation & de rage ; je poussai mon cheval de ce côté là, & d'un coupe de sabre je coupai en deux le bonnet du Monstre,

dans

dans le tems qu'un de nos gens saisit la peau de Mouton, & l'arracha du corps de cette effroyable Idole.

Cet effet de nôtre zele fit dans le moment même courir des cris affreux par tout le Village, & bien-tôt je me vis environné de deux ou trois cens Habitans, du milieu desquels je me tirai au grand galop, les voyant armez d'Arcs & de Flêches, bien résolu pourtant de rendre une seconde visite à l'objet Diabolique de leur honteuse adoration.

Nôtre Caravane resta trois jours dans la Ville, qui n'étoit éloignée du Village en question que de quatre milles. Elle avoit dessein de s'y pourvoir de quelques Chevaux, à la place de ceux qui étoient morts, & qui avoient été estropiez par les mauvais Chemins, & par les grandes & longues marches, que nous avions faites dans le dernier Desert.

Ce retardement me donna le loisir d'exécuter mon projet, que je communiquai au Marchand Ecossois de Moscow, qui m'avoit donné des preuves si convainquantes de son intrépidité. Après l'avoir instruit de ce que j'avois vû, & de l'indignation avec laquelle j'avois consideré un effet si horrible de l'abatardissement, où pouvoit tomber la Nature humaine, je lui dis que si je pouvois seulement trouver quatre ou cinq hommes résolus & bien armez, j'avois dessein d'aller détruire cette abominable Idole, pour faire voir clairement à ses adorateurs, qu'incapable de

se

se secourir soi-même, il lui étoit impossible de donner la moindre assistance à ceux qui lui adressoient leurs priéres, & qui s'en vouloient attirer la protection par leurs Sacrifices.

Il se mocqua de moi, en me disant que mon zele pouvoit venir d'un bon principe, mais que je n'en pouvois pas attendre raisonnablement le moindre fruit, & qu'il ne pouvoit pas comprendre mon but. » Mon but, *lui répondis-je*, est de vanger l'honneur de « Dieu, qui est insulté, pou. .nsi drie, par « cette Idolatrie infernale. *Mais*, repartit-il, « *comment vangerez vous par là l'honneur de la Divinité, si ces malheureux sont incapables de comprendre vôtre intention, & si vous n'êtes pas en état de la leur expliquer, faute d'entendre leur langage; & quand même vous seriez capable de leur en donner quelqu'idée vous n'y gagneriez que des coups, car ce sont des gens déterminez, sur tout quand il s'agit de défendre les objets de leur Superstition.*

» Nous pourrions le faire de nuit, *lui dis-* « *je*, & leur laisser par écrit les raisons de nô- « tre procédé. » *C'est bien dit*, me répliqua- t-il, *sachez mon pauvre ami, que parmi cinq Peuples entiers de ces Tartares il n'y a personne, qui sache ce que c'est qu'une lettre, ni qui puisse lire un mot dans sa propre Langue.*

» J'ai pitié de leur ignorance, *repris-je*, mais j'ai pourtant très-grande envie de « mettre mon projet en œuvres; peut-être «

Tome IV. R la «

» la Nature elle-même, quelque dégénerée
» qu'elle soit en eux, leur en fera tirer des
» consequences, & leur fera voir jusqu'à
» quel point ils sont extravagants en adres-
» sant leur Culte à un objet si méprisa-
» ble.

Ecoutez donc, Monsieur, me dit il, si
vôtre zele vous porte à cette entreprise avec tant
d'ardeur, je crois que vous êtes obligé en conscience de l'executer ; je vous prie pourtant de
considerer, que ces Nations Sauvages ont été
assujetties par la force des armes, à l'empire
du Czar de Moscovie. Si vous reüssissez dans
vôtre projet, ils ne manqueront point de venir
par milliers s'en plaindre au Gouverneur de
Nortsinskol, & demander satisfaction. S'il
n'est pas en état de la leur donner, il y a à parler dix contre un, qu'ils exciteront une revol-
te génerale, & qu'ainsi vous ferez la cause
d'une guerre sanglante, que Sa Majesté Czarienne sera obligée de soutenir contre tous les
Tartares.

Cette considération calma pendant quelques momens les transports de mon zele,
mais bien tôt après elle m'anima avec la même force à la destruction de cet Idole, & pendant tout le jour cette idée me roula dans
l'esprit.

Sur le soir le Marchand Ecossois me ren-
contra par hazard, en me promenant hors
de la Ville; & m'ayant tiré à l'écart pour me
parler, je ne doute pas, me dit-il, que je ne
vous

vous aye détourné de vôtre pieux dessein ; j'avouë pourtant que je n'ai pas pû m'empêcher d'y rêver, & que je n'ai pas moins d'horreur que vous, pour cette infame Idolatrie. » A vous parler naturellement, *lui répondis je*, vous avez réüssi à me détourner de l'éxécution précipitée de mon projet ; mais je l'ai toûjours dans l'esprit, & je croi fort que s'il m'est possible ; je le mettrai en œuvre, avant que de quitter cet endroit, quand je dévrois être livré à ces barbares pour apaiser leur fureur. *Non, non*, me répliqua-t'il, « Il n'y a rien à craindre de ce côté là ; le Gouverneur n'auroit garde de vous livrer à leur rage ; ce seroit en quelque sorte être lui même vôtre meurtrier. » Eh comment croyez-vous que ces malheureux me traiteroient ? lui dis je « *Je vous dirai*, repartit-il, *comment ils ont traité un pauvre Russien qui leur avoit insultez dans leur culte honteux, comme vous avez envie de faire. Après l'avoir estropié avec une flêche, pour le rendre incapable de s'enfuïr, ils le mirent tout nud comme la main, le posèrent sur leur Idole, & l'ayant environné de toutes parts, ils tirèrent tant de flêches dans son corps, qu'il en fut tout herissé ; ensuite ils mirent le feu au bois de toutes ses flêches ; & de cette maniere ils l'offrirent comme un sacrifice à leur Divinité.* » Etoit-ce la même Idole, lui dis-je. « *Oüi*. me répondit-il, *c'étoit justement la même.* Là-dessus, je lui fis l'Histoire de ce qui étoit arrivé à mes Anglois à Madagascar, qui pour

R 2 pu-

punir le meurtre d'un de leurs compagnons, avoient saccagé toute une Ville & exterminé tous les habitans, & je lui dis qu'il en falloit faire de même à ceux de cet abominable vilage, pour vanger la mort de ce pauvre Chrétien.

Il écouta mon recit fort attentivement, mais quand il m'entendit parler de traiter de même les gens de ce village, il me dit que je me trompois fort en croyant, que le fait fût arrivé là; que c'étoit à plus de cent milles de ce Village; & que les gens du pays étoient accoûtumez de porter leur Idole par toute la Nation. » Eh bien, *lui répondis-je*, » il faut donc que l'Idole soit punie elle-mê-
» me de ce cruel meurtre, & elle le sera, si le
» Ciel me laisse vivre seulement jusqu'à de-
» main matin.

Pour faire court, me voyant absolument déterminé à suivre ma résolution, il me dit, que je ne l'éxécuterois pas seul, qu'il me suivroit, & qu'il prendroit pour troisiéme un de ses compatriotes fort brave homme; il le nommoit le Capitaine *Richardson*, & m'assuroit, qu'il n'avoit pas moins d'horreur que moi, pour des coûtumes aussi diaboliques que celle des Tartares. Il me l'amena, & je lui fis un détail de ce que j'avois vû, & de mon projet. Là-dessus nous résolûmes d'y aller seulement nous trois, puisque mon Associé, à qui j'en avois fait la proposition, n'avoit pas trouvé à propos d'être de la partie.

tie. Il m'avoit dit qu'il seroit toûjours prêt à me seconder, quand il s'agiroit de défendre ma vie, mais qu'une pareille avanture n'étoit nullement de son goût. Nous ne devions donc être que nous trois & mon valet, & nous prime la résolution de n'éxécuter nôtre entreprise qu'à minuit, & de nous y prendre avec toute la précaution, & avec tout le secret imaginables.

Cependant en y pensant plus murement, nous trouvâmes bon d'attendre jusqu'à la nuit suivante, parce que dans ce cas la Caravane devoit partir le matin même après l'action. Ce qui empêcheroit le Gouverneur de donner satisfaction à ces Barbares à nos dépens, puisque nous serions déja hors de son pouvoir.

Le Marchand Ecossois, qui étoit aussi ferme dans sa résolution, qu'il se montra dans la suite brave en l'executant, me porta un habit à la Tartare fait de peaux de mouton avec un bonnet, un arc, & des fleches. Il s'en pourvût aussi, de même que son Compagnon, afin que ceux qui nous verroient, ne pussent jamais savoir qu'elle sorte de gens nous étions.

Nous passâmes toute cette nuit à faire plusieurs compositions de matiere combustibles, de poudre à canon, d'esprit de vin, & d'autres drogues de cette nature. Nous nous en munîmes, la nuit destinée à l'entreprise, nous primes avec nous un pot rempli de poix résine, & nous sortîmes de la Ville environ une heure aprés le coucher du Soleil.

Il étoit à peu près onze heures, quand nous arrivâmes à l'endroit en question, sans que nous pussions remarquer que le peuple eût la moindre aprehension touchant leur Idole. Le Ciel étoit couvert de nuages, néanmoins la Lune nous donnoit assez de lumiére, pour nous faire remarquer, que l'Idole étoit précisément dans le même endroit, & dans la même posture, où je l'avois vûë auparavant. Les gens du Village dormoient tous excepté dans la tente où j'avois aperçû les trois Prêtres, que j'avois pris d'abord pour des Bouchers; nous y entendîmes cinq ou six personnes parler ensemble; nous jugeâmes par là que si nous mettions le feu à cette Divinité de bois, on ne manqueroit pas de nous courir sus pour empêcher la destruction, ce qui ne pourroit que nous embarasser extrêmement. Une fois nous prîmes le parti de l'emporter, & de la brûler autre part, mais quand nous commençâmes à vouloir y mettre la main, nous la trouvâmes d'une si grande pesanteur, que force nous fut de songer à une autre expédient.

Le Capitaine *Richardson* étoit d'avis de mettre le feu à la hute, & de tuer les Tartares, à mesure qu'ils en sortiroient, mais je n'en tombai pas d'accord, & j'étois du Sentiment qu'il ne falloit tuer personne, si nous pouvions l'éviter. *Eh bien*, dit là-dessus le

Marchand Ecoſſois, *je vous dirai que s'il faut faire, nous tâcherons de les faire priſonniers, de leur lier les mains ſur le dos, & de les forcer à être ſpectateurs de la deſtruction de leur infame Dieu.*

Heureuſement nous avions ſur nous une aſſez bonne quantité de même corde, qui nous avoit ſervi à lier nos feux d'artifice, ce qui nous détermina à attaquer d'abord les gens de la Cabane, avec auſſi peu de bruit qu'il nous ſeroit poſſible. Nous commençâmes par fraper à la porte, ce qui nous réuſſit préciſément, comme nous l'avions eſperé. Un de leurs Prêtres, venant pour ouvrir, nous nous en ſaiſmes d'abord, lui mîmes un baillon à la bouche, afin qu'il n'apellât point au ſecours, nous lui liâmes les mains & le menâmes devant l'Idole où nous le couchâmes à terre, après lui avoir encore lié les pieds.

Deux de nous ſe mirent enſuite à côté de la porte, en attendant, que quelqu'autre ſortît pour ſavoir ce qu'étoit devenu le premier; & quand ils ſe virent trompez dans cette attente, ils fraperent de nouveau tout doucement, ce qui en fit venir deux autres à la porte, & nous les traitâmes préciſément de la même maniere que leur compagnon; nous les accompagnâmes tous quatre juſqu'auprès de l'Idole, où nous les plaçâmes à terre à quelque diſtance l'un de l'autre.

Quand nous revînmes ſur nos pas nous en

vîmes deux autres venir hors de la tente, &
un troisiéme qui s'arrêtoit à la porte ; nous
mîmes la main au colet aux deux premiers,
surquoi le troisiéme s'étant retiré en poussant de grand cris, le Marchand Ecossois
le suivit de près, & prenant une des compositions, que nous avions faites, propre à ne répandre que de la fumée, & de la
puanteur, il y mit le feu, & le jetta au milieu de ceux qui y restoient encore. En même tems l'autre Ecossois & mon Valet ayant
déja lié leurs deux Tartares l'un à l'autre les
conduisirent vers l'Idole, pour voir si elle
leur aporteroit du secours, & ils nous vinrent rejoindre à toutes jambes.

Lorsque l'espéce de fusée, que nous avions
jettée dans la Cabane, l'eût tellement
rempli de fumée, qu'elle avoit presque
suffoqué ces pauvres malheureux, nous y en
jettâmes une d'une nature très-differente, qui
donnoit de la lumiere, comme une chandel-
le ; nous la suivîmes, & nous n'aperçûmes
que quatre personnes, deux hommes, à ce
que nous crûmes, & autant de femmes, qui
aparemment s'étoient occupez aux préparatifs de quelqu'un de leurs Sacrifices diaboliques. Ils nous parurent mortellement
effrayez ; ils trembloient comme la feüille,
& la fumée les avoit tellement étourdis,
qu'ils n'étoient point en état de dire le moindre mot.

Nous les primes, & les liâmes comme
les

les autres avec le moindre bruit qu'il fut possible, & nous nous hâtâmes à les faire sortir de la tente, parce qu'il ne nous étoit pas possible de souffrir davantage cette fumée épaise & puante; en un mot nous les plaçâmes auprès de leurs camarades, devant leur Divinité, & tout aussi-tôt nous mîmes la main à l'œuvre; nous commençâmes par répandre sur l'Idole, & sur ses magnifiques vêtemens une bonne quantité de poix résine, & de suif mêlé de soufre, ensuite nous lui remplîmes la gueule, les yeux, & les oreilles de poudre à canon, nous lui mîmes des fusées dans son bonnet, & nous le couvrîme tout, pour ainsi dire, de feux d'artifice. Pour faciliter encore davantage nôtre dessein, mon Valet se souvint d'avoir vû auprès de la tente un grand tas de foin & de paille, il s'en fut de ce côté-là avec le Marchand Ecossois, & ils en aporterent autant qu'il leur fut possible. Tout étant préparé de cette maniere, nous déliâmes nos prisonniers, leurs ôtâmes les baillons de la bouche, les plaçâmes vis-à-vis de leur Dieu Monstrueux, & ensuite nous y mîmes le feu.

Un quart d'heure se passa à peu près avant que le feu prit à la poudre que nous lui avions mis dans la bouche, dans les yeux, & dans les oreilles : en s'allumant elle fendit presque toute la statuë, la defigura tellement, que ce n'étoit plus qu'une masse informe. Peu contens

tens encore de tout ce succez, l'entourâmes de nôtre paille, & persuadez, qu'elle seroit absolument consumée en moins de rien, nous commençâmes à songer à nous retirer, mais le Marchand Ecossois nous en détourna, en nous assurant que si nous nous en allions tous les pauvres Idolâtres se jetteroient dans le feu pour y être consumez avec leur Idole. Nous résolûmes donc de nous arrêter jusqu'à ce que la paille fût toute brûlée.

Le lendemain nous fimes fort les occupez, parmi nos compagnons de Voyage, à tout préparer pour la marche, & personne ne pouvoit soupçonner, que nous eussions été autre part, que dans nos lits, puisqu'il n'est rien moins que naturel de courir la nuit quand on prevoit une journée fatigante.

Mais l'affaire ne resta pas là ; le jour aprés une grande multitude de gens vint, non seulement du village, mais encore de tous les lieux d'alentour, aux portes de la Ville pour demander au Gouverneur Russien satisfaction de l'outrage qui avoit été faite à leurs Prêtres, & au grand *Chum Chi Taunga*; c'est là le terrible nom qu'ils donnoient à la plus difforme Divinité qu'on puisse trover dans tout le Paganisme. Le peuple de *Nortsinskoi* fut d'abord dans une très-grande consternation d'une visite si peu attenduë, qui leur étoit faite par plus de trente mille personnes, qu'ils prévoyoient devoir s'augmenter en peu de jours jusqu'au nombre de cent mille ames.

Le

Le Gouverneur Russien leur envoya des gens pour tâcher de les apaiser, & leur donna les meilleures paroles imaginables ; il les assura qu'il ignoroit absolument toute cette affaire, & qu'il étoit sûr qu'aucun Soldat de la Garnison n'avoit été hors la Ville pendant toute la nuit, que certainement cette violence n'avoit pas été commise par ses gens, & qu'il puniroit exemplairement les coupables, s'ils pouvoient les lui indiquer. Ils répondirent avec hauteur que tout le païs d'alentour avoit trop de vénération pour le grand *Cham-Chi-Thaungu*, qui demeure dans le Soleil, pour détruire sa statuë ; que personne ne pouvoit avoir commis ce crime, que quelque mécréant de Chrétien, & que pour en tirer raison ils lui annonçoient la Guerre, aussi bien qu'à tous les Russiens, qui n'étoient tous que des Chrétiens & des mécréans.

Le Gouverneur dissimula l'indignation, que lui donnoit un discours si insolent, pour n'être pas la cause d'une rupture avec ce Peuples conquis, que le Czar lui avoit ordonné de traiter avec douceur, & avec honnêteté. Il continua à les traiter d'une maniere très-civile, & pour détourner leur ressentiment de dessus sa Garnison, il leur dit, que ce matin-là même une Caravane étoit sortie de la Ville pour s'en aller dans la Russie ; que c'étoit peut-être quelqu'un de ces Voyageurs, qui leur avoit fait cet affront, & qu'il envoyeroit des gens, pour tâcher de le découvrir,

vrir, s'ils vouloient se contenter de ce procedé.

Cette proposition sembla les calmer un peu, & pour leur tenir parole, le Gouverneur nous envoya quelqu'uns de ses gens, qui nous instruisirent en détail de tout ce qui venoit d'arriver, en nous insinuant que si quelqu'un de la Caravane avoit donné occasion à cette émeute, il feroit bien de s'échaper au plûtôt : & que coupables ou non, nous agirions prudemment, en poussant nôtre marche avec toute la vitesse possible, pendant qu'il ne negligeroit rien pour amuser ces barbares, jusqu'à ce que nous fussions hors d'insulte.

Cette condite du Gouverneur étoit certainement des plus obligeantes, mais quand on en instruisit toute la Caravane, il n'y eût personne qui ne fut parfaitement ignorant de toute l'affaire ; & nous fûmes précisément ceux, qu'on soupçonna le moins. On ne nous fit pas seulement la moindre question là-dessus. Néanmoins celui qui commandoit alors la Caravane profita de l'avis du Gouverneur, & nous marchâmes, pendant deux jours, & deux nuits sans nous arrêter presque, afin de gagner *Jaravena*, une autre Colonie du Czar de Moscovie, où nous serions en sureté. Je dois observer que la troisiéme marche devoit nous faire entrer dans un grand Desert, qui n'a point de nom, & dont je parlerai plus au long dans son lieu. Si dans cette circonstance

nous

nous nous étions trouvez, il est très-vraisemblable, comme on le va voir, que nous aurions été tous détruits.

C'étoit la seconde journée après la destruction de l'Idole, quand un nuage de poussiere, qui paroissoit à une grand distance derriere nous, fit croire à quelques-uns de la Caravane, que nous étions poursuivis. Ils ne se trompoient pas. Nous n'étions pas loin du Désert, & nous avions passé par devant un grand Lac, apelle *Schaks-Oser*, quand nous aperçûmes un grand corps de Cavalerie, de l'autre côté du Lac, qui tiroit vers le Nord, pendant que nous marchions vers l'Ouest. Nous étions ravis qu'ils eussent pris à côté du Lac, au lieu que nous avions pris l'autre fort heureusement pour nous. Deux jours après nous ne les vîmes plus, car s'imaginant qu'ils nous suivoient toûjours comme à la piste, ils avoient poussé jusqu'au fleuve *Udda*. Il est fort large, & fort profond, quand il s'étend plus vers le Nord, mais dans l'endroit où nous le vîmes il est fort étroit, & guéable.

Le troisiéme jour ils virent leur méprise, ou bien on les instruisit du véritable chemin, que nous avions pris, & ils nous poursuivirent avec toute la rapidité imaginable; nous les découvrîmes environ au coucher du Soleil, & nous avions par hazard choisi un endroit pour camper fort propre à nous y défendre. Nous étions à l'entrée d'un Désert de 500. milles de longueur, & nous ne pouvions pas

nous

nous attendre à trouver d'autre ville pour nous servir d'azile, que *Jarawena*, qui étoit encore à deux journées de nous ; nous avions dans le lieu où nous étions plusieurs petits bois, & nôtre camp étoit par bonheur dans un passage assez étroit, entre deux bocages peu étendus, mais extrêmement épais, ce qui diminuoit un peu la crainte que nous avions d'être attaquez cette même nuit. Il n'y avoit que nous quatre, qui savions au juste pourquoi nous étions poursuivie, mais comme les *Tartares Monguls* ont la coûtume de parcourir le Désert en grandes troupes, les Caravanes se fortifient toûjours contr'eux, comme contre des camps volants de voleurs de grand chemin, & ainsi nos gens ne furent pas surpris de se voir poursuivis par cette Cavalerie.

Non seulement nous étions campez entre deux bois, mais nôtre front étoit encore couvert par un petit ruisseau, de maniere que nous ne pouvions être attaquez qu'à nôtre arriere-garde. Peu contens encore de tous ces avantages naturels de nôtre Poste, nous nous fimes un rempart devant nous de tout nôtre bagage, derriere lequel nous rengeâmes sur une même ligne de nos Chameaux & nos Chevaux, & par derriere nous nous couvrîmes d'un abbatis d'arbres.

Nous n'avions pas encore fini cette espéce de fortification, quand nous eûmes déja les Tartares sur les bras. Ils ne nous attaquerent
pas

pas brusquement, comme nous avions cru, ni en voleurs de grand chemin. Ils commencerent à nous envoyer trois Deputez pour nous dire, de leur livrer les coupables, qui avoient insulté leurs Prêtres, *& brûlé par feu* leur Dieu *Cham-Chi-Thaungu*, afin qu'ils fussent *brûlés par feu*, pour expier leur crime, & ils nous dirent que si on leur accordoit leur juste demande, ils se retireroient sans faire le moindre mal au reste de la Caravane; sinon, qu'ils nous brûleroient tous tant que nous étions.

Nos gens furent fort étourdis de ce compliment; ils se regarderent les uns les autres, pour examiner si quelqu'un ne découvriroit pas par sa contenance, qu'il étoit particulierement interessé dans cette affaire. Mais celui qui avoit fait le coup s'apelloit *Personne*. Là-dessus le Commandant de la Caravane fit assurer aux Deputez, qu'il étoit très persuadé, que les coupables n'étoient pas dans nôtre camp; que nous étions tous des Marchands d'une humeur paisible, & qui ne voyagions que pour les affaires de nôtre commerce; que nous n'avions pas songé à leur faire le moindre chagrin; que par conséquent ils feroient bien de chercher leurs ennemis autre part, & de ne nous pas troubler dans nôtre marche, ou bien que nous ferions tous nos efforts pour nous défendre, & pour les faire repentir de leur entreprise.

Ils furent si éloignez de croire cette réponse satisfaisante, que le lendemain au lever du Soleil ils aprocherent de nôtre camp pour le forcer, mais quand ils en virent l'assiette, ils n'oserent pas nous venir voir de plus près, que de l'autre côté du petit ruisseau ; qui couvroit nôtre front. Là ils s'arrêterent, en nous étalant une si terrible multitude, que le plus brave de nous en fut effrayé ; ceux qui en jugerent le plus modestement, crurent qu'ils étoient dix-mille tout au moins. Après nous avoir considérez pendant quelques momens, ils pousserent des hurlemens épouvantables, en couvrant l'air d'un nuage de flêches. Nous nous étions heureusement assez bien, précautionnez contre un pareil orage ; nous nous cachâmes derriere nos balots, & si je m'en souviens bien, aucun de nous ne fut blessé.

Quelque tems après, nous les vîmes faire un mouvement du côté droit, & nous nous attendîmes à être attaquez par derriere, quand un Cosaque de Jarawena, qui étoit dans le Service Moscovite, un fin drole, s'aprochant du Commandant de la Caravane, lui dit, que s'il vouloit, il se faisoit fort d'envoyer toute cette Canaille vers *Sibeilka* ; c'étoit une Ville éloignée de nous de plus de cinq journées du côté du Sud. Voyant que le Commandant ne demandoit pas mieux, il prend son arc & ses flêches, & se met à cheval. S'étant séparé de nous du côté de nôtre Arriere-garde, il prend un grand détour, & joignant les Tartares en qualité d'exprès, qui
leur

leur venoit donner des lumieres sur ce qu'ils cherchoient à découvrir, il leur dit, que ceux qui avoient détruit *Cham-Chi-Thaungu* s'en étoient allez du côté de *Sikeilka*, avec une Caravane de *Mécréans*, dans la résolution de brûler encore *Schal Isar* le Dieu des *Tartares Tonguois*.

Comme ce garçon étoit une espéce de Tartare lui-même, & qu'il parloit parfaitement bien leur langage, il ménagea si bien son histoire, qu'ils y ajoûterent foi, sans, la moindre difficulté. Dans le moment même ils s'en allerent à toute bride, & trois heures après nous n'en vimes plus un seul, nous n'en entendimes plus parler, & nous n'avons jamais sû s'ils pousserent jusqu'à Siheilka, ou non.

Après nous être tirez de ce danger, nous marchâmes en sûreté, jusqu'à la ville de Jarawena, où il y a une Garnison Moscovite, & nous y restâmes pendant cinq jours, pour nous refaire de la fatigue que nous avions essuyée dans nos dernieres marches, pendant lesquelles nous n'avions pas eu le loisir de fermer l'œil.

De-là nous entrâmes encore dans un afreux Desert, que nous ne pûmes traverser qu'en vingt & trois jours ; nous nous étions fournis de quelques tentes, pour passer les nuits plus commodément, & de seize chariots du Païs, pour porter nôtre eau & nos provisions. Nous en tirions encore un grand service, que pendant la nuit ils nous tenoient lieu de retranchement, étant arrangez tout autour de nôtre Camp, ensorte que si les Tartares nous avoient attaquez, sans une supériorité excessive du nombre nous aurions pû les repousser sans peine.

Dans ce Desert nous vimes un grand nombre de ces chasseurs, qui fournissent tout le monde de ces belles Fourures *de Sables & d'Hermines.* Ils sont pour la plûpart *Tartares Monguls*, & bien souvent ils attaquent de petites Caravanes; mais la nôtre n'étoit pas leur gibier, aussi n'en avons-nous jamais vû de troupes entieres. J'aurois été fort curieux de voir les animaux, dont ils tirent ces peaux précieuses, mais il me fut impossible de parvenir à mon but, car ces Messieurs n'oserent pas approcher de nous, & ç'auroit été une grande imprudence à moi de me séparer de la Caravane pour les aller voir.

Au sortir de ce Desert nous entrâmes dans un Pays assez bien peuplé, & rempli, pour ainsi dire, de Villes & de Châteaux, où le Czar a établi des Garnisons, pour la sûreté des Caravanes, & pour défendre le Païs contre les courses des Tartares, qui sans cela rendroient les chemins fort dangereux. Sa Majesté Czarienne a donné des ordres fort précis aux Gouverneurs de ces Places, de ne rien négliger pour mettre les Marchands & les Voyageurs hors d'insulte, & de leur donner des escortes d'une Forteresse à l'autre, au moindre bruit qui se répandroit de quelque invasion des Tartares.

Cou-

Conformément à ces ordres le Gouverneur de *Adinskoy*, à qui j'eus l'honneur de rendre mes devoirs, avec le Marchand Ecossois qui le connoissoit, nous offrit une Escorte de 50. hommes jusqu'à la Garnison prochaine, si nous croyions qu'il y eut le moindre danger dans la route.

Je m'étois imaginé pendant tout le voyage, que plus nous aprocherions de l'Europe, & mieux nous trouverions les gens polis, & les Païs peuplez, mais je m'étois fort trompé à tous ces deux égards, puisque nous avions encore à traverser le Païs des *Tartares Tonguois*, où nous vimes les mêmes marques d'un Paganisme barbare, & même des marques encore plus grossieres, que celles qui nous avoient si fort choquez auparavant. Il est vrai qu'étant entierement assujettis par les Moscovites, & mieux tenus en bride que les autres, ils n'étoient ni si insolens, ni si dangereux que les *Monguls*, mais en récompense nous vimes clairement qu'ils ne cédoient à aucun Peuple barbare de l'Univers, en grossiereté de manieres, en Idolatrie, & en nombre de Divinitez. Ils sont tous couverts de peaux de bêtes Sauvages, aussi bien que leurs maisons ; & il n'est pas possible de distinguer un homme d'une femme, ni par l'habit, ni par l'air. En tems d'hyver quand toute la terre est couverte de neige ils vivent dans des souterrains, distinguez en plusieurs differentes cavernes.

Si les *Monguls* avoient leur *Cham-Chi-Thaungu* pour toute la Nation, ceux-ci avoient des Idoles en chaque tente & en chaque cave. D'ailleurs ils adoroient le Soleil, les Etoiles, la Neige, l'Eau, en un mot tout ce qui offroit à leur esprit quelque chose de merveilleux, & comme leur crasse ignorance leur fait trouver du surprenant par tout, il n'y a presque rien, qui ne soit honoré de leurs Sacrifices.

Il ne m'arriva rien de particulier, dans toute cette étenduë de Païs, dont les bornes étoient éloignées du Desert, dont j'ai parlé en dernier lieu, de plus de 400. milles. La moitié de ce terrain peut bien passer pour un Desert aussi, & nous fumes obligez de voyager pendant 12. jours sans rencontrer ni maison, ni arbre, & de porter avec nous nôtre eau, & nos autres provisions.

Après nous être tirez de cette solitude, nous parvinmes en deux jours de marche à la Ville de *Janezai*, située prés d'un grand Fleuve du même nom. On nous dit là, que ce Fleuve sépare l'Europe de l'Asie, dequoi nos faiseurs de Cartes Géographiques ne tombent pas d'accord. Ce qu'il y a de certain, c'est qu'il borne vers l'Orient l'ancienne *Siberie*, qui ne fait qu'une Province du vaste Empire des Moscovites, quoiqu'elle soit plus grande que toute l'Allemagne.

Je remarquai que dans cette Province même le Paganisme & l'ignorance la plus brutale

tale ont par tout le deſſus, excepté dans les Garniſons Ruſſiennes. Toute l'étendüe de terrain entre le Fleuve *Oby* & le Fleuve *Janezay*, eſt peuplée des Payens, & de Payens auſſi barbares que les Tartares les plus reculez, & & même que les Sauvages les plus brutaux de l'Aſie & de l'Amerique.

Je pris la liberté de dire à tous les Gouverneurs Moſcovites, que j'eus l'honneur d'entretenir, que ces pauvres Payens, pour être ſous le Gouvernement d'une Nation Chrétienne n'en ſont pas plus prêts à embraſſer le Chriſtianiſme. Ils me répondirent preſque tous, que je n'avois pas tort, mais que c'étoit une affaire qui ne les regardoit pas. *Si le Czar*, diſoient ils, *avoit envie de convertir ſes Sujets Syberiens, Tonguois & Monguls, il devroit envoyer pour cet effet des Eccléſiaſtiques, & non pas des Soldats & puiſqu'il s'y prend d'une autre maniere, il eſt naturel de croire que nôtre Monarque ſonge plus à ſe rendre ces Peuples ſoûmis à ſon Empire, qu'à en faire des Chrétiens.*

Depuis le Fleuve *Janezai* juſqu'à l'*Oby*, il nous fallut traverſer un Païs abandonné en quelque ſorte ; ce n'eſt pas que le terrain ſoit ingrat, & incapable d'être cultivé, il n'y manque que des habitans, & de l'induſtrie. A le conſidérer en lui-même, c'eſt un Païs très-agréable, & très fertile ; le peu d'habitans qu'il contient, conſiſte entierement en Payens, ſi vous en exceptez ceux qu'on y envoye

voye de la Russie. Je dois observer ici en passant, que c'est justement dans ce Païs situé de l'un & de l'autre côte de l'*Oby*, que sont envoyez en exil les Criminels Moscovites, qui ne sont pas condamnez à mort : & il leur est presque impossible de s'en échapper jamais.

Il ne m'arriva rien, qui soit digne d'être rapporté jusqu'à mon arrivée à *Tobolski*, la Capitale de la *Siberie*, où je demeurai pendant un temps considérable, par la raison que voici.

Nous avions mis à peu près sept mois à faire nôtre voyage, & l'Hyver approchoit à grand pas. La Caravane devoit aller à Moscow, mais nous n'y avions aucunes affaires, mon associé & moi ; c'étoit nôtre Patrie que nous avions uniquement en vûë, & cette considération méritoit bien que nous tinssions un petit conseil à part. Il est vrai, qu'on nous disoit merveilles des traîneaux tirez par des *Rennes*, qui rendent si faciles & si rapides les voyages, qu'on entreprend en temps d'Hyver : je sai bien que ce qu'on nous en raportoit, quelque surprenant qu'il fût, étoit la vérité toute pure. Les Russiens aiment mieux voyager en Hyver, qu'en Eté, parce que dans leurs traîneaux ils passent les jours & les nuits avec toute la commodité imaginable, tandis qu'ils parcourent une espace extraordinaire. Tout le Pais est couvert de neige, durcis par le grand froid qui fait une seule surface douce, & égale des Plaines,

nes, des Rivieres des Montagnes, & des Lacs.

Mais je ne pouvois rien gagner par un voyage de cette nature. Pour aller en Angleterre, je ne pouvois prendre que deux chemins. Je pouvois aller avec la Caravane jusqu'à *Jareslaw* & de-là tourner vers l'Oüest, pour gagner *Narva* & le *Golphe de Filande*. Il m'étoit facile de passer de là par mer, ou par terre à *Dantzick*, où peut-être je pouvois trouver l'occasion de me défaire avantageusement de mes Marchandises des Indes. Ou bien je devois quitter la Caravane à une petite Ville située sur la *Dwina*, d'où en six jours de temps je pouvois venir par eau à *Archangel*, & passer de là par mer à Hambourg, en Hollande, ou en Angleterre.

Or il étoit également extravagant de songer à l'un ou à l'autre de ces voyages pendant l'Hyver. Il étoit impossible d'aller à Dantzick par mer, parce que la Mer Baltique est toûjours gelée dans cette Saison, & de vouloir voyager par terre dans ce Païs-là étoit aussi scabreux, que de marcher mal accompagné, au travers des *Tartares Monguls*. D'un autre côté si j'étois arrivé à Archangel au mois d'Octobre, j'aurois trouvé tous les Vaisseaux partis, & la Ville presque déserte, puisque les Marchands, qui y font leur séjour pendant l'Eté, ont coûtume de se retirer pendant l'Hyver à Moskow. Ainsi j'aurois dû y essuyer un froid extrême, & peut-être une grande

de disette de vivres, sans compter une vie triste & desagréable, faute de compagnie.

Il valoit mieux par conséquent laisser là la Caravane, & faire tous les préparatifs nécessaires pour passer l'Hyver dans la Capitale de la *Siberie*, où je pouvois faire fond sur trois choses très essentielles ; savoir l'abondance des vivres, une maison bonne & chaude, avec du bois en quantité, & enfin très bonne compagnie.

Je me trouvois alors dans un Climat bien different de celuy de mon Paradis terrestre, ma chere Isle, où je ne sentis jamais le froid que pendant les frissons de ma fievre ; au contraire j'avois bien de la peine à y souffrir des habits sur mon corps, & je n'y faisois du feu que hors de la maison, uniquement pour me préparer quelques mets. Ici je commençai par me fournir de trois bonnes camisoles, & de quelques grandes robes qui me pendoient jusqu'aux pieds, & dont les manches étoient boutonnées jusqu'au poignet. Il faut remarquer même, que toutes ces differentes sortes d'habits étoient doublées de bonnes fourures.

Pour chauffer ma maison, je m'y pris d'une autre maniere, que celle dont on se sert en Angleterre, où l'on fait du feu dans des cheminées ouvertes, qui sont placées dans chaque chambre, ce qui laisse l'air aussi froid qu'il étoit auparavant, dès que le feu est éteint. Je fis placer une cheminée semblable

ble à une fournaise, dans un endroit qui étoit le centre de six chambres différentes ; le tuyau par où devoit sortir la fumée, alloit d'un côté, & l'ouverture par laquelle sortoit la chaleur, étoit justement du côté opposé ; par là toutes les chambres étoient entretenuës dans une chaleur égale, sans qu'on découvrît le feu nulle part de la même maniere que dans les bains d'Angleterre.

C'est ainsi que mes apartemens étoient toûjours chauds, quelque froid qu'il fit au dehors & je n'étois jamais incommodé de la fumée.

Ce qui doit paroître d'abord fort incroyable, c'est ce que j'ai insinué touchant la bonne compagnie, que je trouvai dans un Païs barbare, dans une des Provinces les plus Septentrionales de la Moscovie ; un Pays situé dans le voisinage de la Mer Glaciale, & seulement éloigné de quelques degrez de la *Nouvelle Zemble*.

Mais on y ajoûtera foi sans peine, quand on voudra bien se souvenir que j'ai dit que la *Siberie* est le séjour des Criminels d'Etat de la Moscovie. La Ville Capitale en doit être par conséquent pleine de Noblesse, de Généraux, de grands Seigneurs & de Princes même. J'y trouvai le célébre Prince *Galiczin*, le vieux Général *Robostiski*, & plusieurs autres personnes du premier Rang, parmi lesquels il y avoit plusieurs Dames de distinction.

Tome IV.   T   Par

Par le moyen du Marchand Ecoſſois, qui fut obligé de ſe ſéparer ici de moi; je fis connoiſſance avec pluſieurs de ces Seigneurs, & même avec quelques-uns du premier ordre; j'en reçus pluſieurs agréables viſites, qui contribuerent beaucoup à me faire trouver courtes les triſtes ſoirées de l'Hyver. Ayant lié converſation un jour avec le Prince..... qui avoit été autrefois un des Miniſtres d'Etat de Sa Majeſté Czarienne, je lui entendis raconter les choſes les plus merveilleuſes, de la grandeur, de la magnificence, de la Domination étenduë, & du pouvoir abſolu de ſon Maître, l'Empereur de la grande Ruſſie. Je l'interrompis, pour lui dire que je m'étois vû autrefois un Monarque plus abſolu que le Czar de Moſcovie, quoique mes Sujets ne fuſſent pas ſi nombreux, ni mon Empire tout-à-fait ſi grand, que celui de cet Empereur. Ce diſcours donna une grande ſurpriſe au Prince Ruſſien, qui me regardant avec une attention extraordinaire, me pria très-ſérieuſement de lui dire, s'il y avoit quelque réalité dans ce que je venois de lui débiter ſi gravement.

Je lui promis que ſon étonnement ceſſeroit, dès que j'aurois eu le loiſir de m'expliquer, & là-deſſus je lui dis que j'avois eu le pouvoir de diſpoſer abſolument de la fortune & de la vie de mes Sujets, & que malgré mon Deſpotiſme, il n'y avoit eu perſonne dans tous mes Etats; dont je n'euſſe été aimé avec une tendreſſe filiale. Il

Il me répondit en branlant la tête, qu'effectivement de ce côté là j'avois surpassé de beaucoup le Czar son maître. *Ce n'est pas tout, Monseigneur, repris-je, toutes les terres de mon Royaume m'apartenoient en propre, tous mes Sujets n'étoient que mes fermiers, sans y être contraints, & tous tant qu'ils étoient, ils auroient hazardé leur vie, pour sauver la mienne, jamais Prince ne fut plus tendrement aimé, & en même tems si fort respecté & si crainte de son peuple.*

Après l'avoir encore amusé pendant quelque tems de ces magnifiques chimeres, fondées pourtant sur des réalitez, mais très-minces, je lui fis voir clair dans le fond de cette affaire, & je lui donnai un détail de tout ce qui m'étoit arrivé dans l'Isle, & de la maniere que j'y avois gouverné mes Sujets, en un mot je lui fis là-dessus précisément le même recit, que j'ai communiqué au public.

Toute la compagnie fut ravie de cette Relation, & sur tout le Prince, qui me dit en poussant un grand soupir, que la véritable grandeur de l'homme consistoit à être son propre maître, & à s'acquerir un Empire despotique sur ses propres passions; qu'il n'auroit pas changé une Monarchie comme la mienne, contre toute la Domination de son Auguste Maître; qu'il trouvoit une felicité plus véritable dans la retraite, à laquelle il avoit été condamné, que dans la grande

T 2 Au

Autorité, dont il avoit autrefois joüi à la Cour de son Empereur, & que selon lui le plus haut degré de la Sagesse humaine consistoit à proportionner nos desirs & nos passions à la situation où la Providence trouvoit bon de nous ménager un calme intérieur, au milieu des tempêtes, & orages qui nous environnent extérieurement.

Pendant les premiers jours que je passai ici, continua-t'il, *j'étois accablé de mon prétendu malheur; je m'arrachois les cheveux, je déchirois mes habits, en un mot je m'emportois à toutes les extravagances ordinaires à ceux qui se croyent accablez par leurs infortunes; mais un peu de tems, & quelques réflexions me porterent à me considérer moi-même d'une maniére tranquille, aussi bien que les objets qui m'environnoient. Je trouvai bien-tôt que la raison humaine, dès qu'elle a l'occasion d'examiner à loisir tout le détail de la vie, & la nature des secours qu'elle peut emprunter du monde, pour la rendre heureuse, est parfaitement capable de se procurer une félicité réelle, indépendante des coups du sort & entiérement convenable à nos desirs les plus naturels, & au grand but pour lequel nous sommes créez. Je compris en peu de jours, qu'un bon air à respirer, des alimens simples pour soûtenir nôtre vie, des habits propres à nous deffendre des injures de l'air, & la liberté de prendre autant d'exercice, qu'il en faut, pour la conservation de la santé, est tout ce que le monde peut contribuer à la félicité vé-*

véritable de l'Homme. J'avouë que la grandeur, l'autorité, la richesse, & les plaisirs, qu'elle nous procure, & dont j'ai eu autrefois ma bonne part, sont capables de nous prodiguer mille agrémens; mais d'un autre côté, toutes ces sources de plaisirs influent terriblement, sur les plus mauvaises de nos passions. Elles fertilisent, pour ainsi dire, nôtre ambition, nôtre orgueil, nôtre avarice, & nôtre sensualité. Ces dispositions de nôtre cœur, criminelles en elles mêmes, contiennent les semences de tous nos autres crimes. Elles n'ont pas la moindre relation avec ces talents, qui font l'Homme sage, ni avec ces vertus qui constituent le caractère du Chrétien. Privé à present de tout ce bonheur extérieur si fécond en vices, eloigné de son faux brillant, je ne le regarde que de son côté ténébreux, je n'y trouve que de la difformité, & je suis pleinement convaincu, que la Vertu seule rend l'homme véritablement sage, grand, riche & qu'elle seule le prépare à la jouïssance d'une félicité éternelle. Dans cette pensée, ajoûta-t'il, je me trouve plus heureux au milieu de ce desert que tous mes ennemis, qui sont dans la pleine possession de la richesse, & de l'autorité, qu'ils m'ont fait perdre, & dont je me sens déchargé, comme d'un fardeau.

Vous penserez peut être, Monsieur, me dit-il encore, que je suis uniquement forcé à entrer dans ces vûës, par la nécessité, & que par une espéce de Politique je fais de pareilles réflexions, pour adoucir un etat, que d'autres

T 3 pour-

pourroient nommer misérable ; mais vous vous tromperiez. S'il est possible à l'Homme, de connoître quelque chose de ses propres sentimens, je puis vous assurer, que je ne voudrois pas retourner à la Cour, quand le Czar mon Maître auroit envie de me retablir dans toute ma grandeur. Si jamais j'en suis capable, j'avoüe, que mon extravagance aprochera de celle d'un homme, qui délivré de la prison de cette chair, & ayant déja un goût de la félicité céleste, voudroit revenir sur la terre, & se livrer de nouveau aux foiblesses honteuses, & à la misère de la vie humaine.

Il prononça ce discours avec tant de chaleur, & avec une action si pathétique, qu'on pouvoit lire dans tout son air, qu'il exprimoit les veritables sentimens de son cœur.

Je lui dis, que je m'étois crû autrefois une espèce de Monarque, dans l'état, que je lui avois dépeint, mais que pour lui, il n'étoit pas seulement un Souverain despotique, mais encore un grand Conquerant, puisque celui qui remporte la victoire sur ses desirs rebelles, qui s'assujettit soi même, & qui rend sa volonté absolument dépendante de sa Raison, mérite mieux ce titre glorieux, que celui qui terrasse les murailles de la plus forte place. " Je vous conjure pourtant, Monseigneur, ajoûtai-je, de m'accorder la liberté de vous faire une seule question. S'il vous étoit entierement libre de sortir de cette solitude, & de mettre fin à vôtre exil, vous en serviriez-vous. Mon-

Monsieur, me répondit-il, vôtre question est subtile, & il faut faire quelques distinctions, très-exactes, pour y répondre juste. Je vais pourtant y satisfaire avec toute la candeur, dont je suis capable. Rien au monde ne seroit assez fort, pour me tirer de mon exil, que les deux motifs suivans ; la satisfaction de voir mes parens, & le plaisir de vivre dans un climat un peu plus moderé. Mais je puis vous protester, que si mon Souverain vouloit me remettre dans la pompe de sa Cour, & dans l'embarras, qui accompagne l'autorité du Ministere, je n'abandonnerois pas ces lieux sauvages, ces deserts, Lacs glacez, pour le faux brillant de la gloire, & de la richesse, ni pour les plaisirs ou pour mieux dire, les folies du Courtisan le plus favorisé du Prince.

„ Mais, Monseigneur, repris-je, peut-être n'êtes vous pas seulement banni des „ plaisirs de la Cour, de l'autorité, & des „ richesses, dont vous avez joüi autrefois : „ il se peut que vos biens soient confisquez, „ & que vous soyez privé de quelques unes „ des commoditez de la vie, & que vous n'a- „ yez pas assez largement dequoi subvenir aux „ besoins d'un état médiocre. „

Vous ne devinez pas mal, me repliqua-t'il, si vous me considerez, en qualité de Prince, comme je suis réellement. Mais si vous me regardez simplement comme une Créature humaine confonduë avec le reste des hommes, vous comprendrez facilement, que je ne saurois tomber

ber dans la difette, à moins d'être attaqué par quelque maladie durable. Vous voyez nôtre maniere de vivre, nous sommes ici cinq personnes de qualité, nous vivons dans la retraite, & d'une maniere convenable à des exilez: nous avons sauvé tous quelque chose du débris de nôtre fortune, ce qui nous exemte de la fatigue de gagner nôtre subsistance par la chasse. Cependant les pauvres Soldats, qui se trouvent ici, & qui courent les bois pour prendre des Renards, & des Sables, sont tout autant au large que nous. Le travail d'un mois leur fournit tout ce qui leur est nécessaire pour une année entiere. Comme nous dépensons peu, nos besoins sont petits, & il nous est aisé d'y subvenir abondamment.

Je m'étendrois trop, si je voulois raporter toutes les particularitez de l'entretien que j'eus avec cet homme, véritablement grand. Il y fit voir un génie Supérieur, une grande connoissance de la véritable valeur des choses, & une sagesse soûtenuë par une noble pieté. Il n'étoit pas difficile de se persuader, que le mépris, qu'il avoit pour le monde, étoit sincére, & l'on verra dans la suite de mon Histoire que ces apparences n'étoient pas trompeuses.

J'avois déja été là pendant huit mois dans un hyver extrêmement obscur, & d'un froid si excessif, que je n'osois pas me hazarder dans les ruës, sans être enfoncé dans les fourures, & sans même avoir un masque devant

vant le visage, qui en fut double. Il n'y a-voit qu'un trou pour la respiration & deux autres pour me donner la liberté de voir, & de distinguer les objets. Pendant trois mois nous n'eûmes que cinq heures de jour, ou tout au plus six, & le reste du tems, il auroit fait une obscurité absoluë, si la terre n'avoit pas été couverte de neige. Nos Chevaux étoient conservez sous terre, & les trois valets, que nous avions loüez, pour avoir soin de nous, & de nos bêtes, souffrirent si fort de la saison, que de tems en tems il fallut leur couper quelque doigt, ou quelque orteüil, de peur que la Gangrene ne s'y mit.

Il est vrai que nous étions fort chaudement dans la maison, nos murailles étoient épaisses, les fenêtres petites & doubles. Les vivres ne nous manquoient pas ; ils consistoient principalement en viande de *Renne sechée*, en biscuit fort bon, en poisson sec, en mouton, & en chair de buffle, qui est un fort bon manger à peu près du goût du bœuf. Nôtre boisson étoit de l'eau mêlée d'esprit de Vin au lieu d'eau de vie, & quand nous voulions nous régaler nous avions au lieu de vin de l'hydromel, qui étoit admirable. D'ailleurs les chasseurs qui ne laissoient pas de battre les bois, quelque tems qu'il fit, nous aportoient de tems en tems du gibier fort gras & d'un goût excellent ; ils nous fournissoient aussi quelquefois de grandes pieces d'Ours qu'on mange là comme une venaison excellente, mais nous

n'y

n'y trouvions pas grande délicatesse nous autres Anglois. Ce qui nous venoit fort à propos, c'est que nous avions avec nous une grande provision de Thé parfaitement bon, dont nous pouvions régaler nos amis. En un mot à tout prendre, il ne nous manquoit rien pour vivre agréablement.

Nous étions entrez dans le mois de Mars, les jours commençoient à s'allonger, & le froid à devenir suportable; plusieurs voyageurs faisoient déja les préparatifs nécessaires, pour partir en traîneau, mais pour moi, qui avoit pris une ferme résolution d'aller à *Archangel*, & non pas vers la Moscovie, & vers la mer Baltique, je ne fis pas le moindre mouvement, persuadé que les Vaisseaux qui viennent du Sud, ne partent gueres pour cette partie du Monde qu'au mois de Mai, ou au commencement de Juin, & que par conséquent si j'y arrivois au commencement d'Août, j'y serois avant qu'aucun Vaisseau ne fût prêt pour le retour.

Ainsi je vis partir avant moi tous les Voyageurs & tous les Marchands, qui avoient dans le fond raison de me devancer. Il arrive toutes les années, qu'ils quittent la Syberie, pour aller en partie à Moscow, & en partie à Archangel, pour y debiter leurs fourrures, & pour acheter à la place tout ce qui leur est nécessaire pour assortir leurs Magazins; ils ont huit cens mille à faire pour revenir chez eux, & par conséquent il faut qu'ils se dépêchent.

Je

Je ne commençai à emballer mes hardes, & mes Marchandises qu'à la fin de Mai, & pendant que j'étois dans cette occupation, je me mis à penser à tous ces exilez, qu'on laisse en liberté, dès qu'ils sont arrivez en Syberie. Ils peuvent aller par tout, où ils veulent, & j'étois fort surpris de ce qu'ils ne songeoient pas à gagner quelqu'autre partie du Monde où ils pourroient vivre plus à leur aise, & dans un meilleur Climat.

Mon étonnement cessa dès que j'eus proposé ma difficulté au Prince dont j'ai fait déja plusieurs fois mention. Voici ce qu'il me répondit. *Il faut considérer d'abord, Monsieur, l'endroit dans lequel nous sommes, & en second lieu la situation, où nous nous trouvons. Nous sommes environnez ici nous autres exilez, de barrieres plus fortes que des grilles, & des verroux. Du côté du Nord, nous avons une mer innavigable, où jamais Vaisseau, ni chaloupe ne trouva passage; & quand nous aurions quelque Navire en nôtre possession, nous ne saurions, de quel côté faire voile. De tout autre part nous ne saurions nous sauver, qu'à travers une étenduë de terrain apartenans à Sa Majesté CZarienne, d'environ trois cens quarante lieuës. Il n'est pas possible de s'y glisser par des chemins détournez. Il est absolument necessaire de suivre les grandes routes frayées par les Gouverneurs des places & de passer par des Villes où il y a Garnison Russienne; en suivant les chemins ordinaires nous serions découverts indubitablement;*

ment ; & en prenant des routes détournées, nous ne saurions manquer de mourir de faim. Par conséquent il est clair, qu'on ne sauroit former une pareille entreprise, sans se rendre coupable de la plus haute extravagance.

Cette seule réponse me réduisit au silence, & me satisfit pleinement. Elle me fit parfaitement bien comprendre, que ces exilez étoient tout autant emprisonnez dans les vastes campagnes de la Syberie, que s'ils étoient resserrés dans la Citadelle de Moscow. Cette conviction ne m'empêcha pas de me mettre dans l'esprit, que j'étois en état de tirer ce grand homme de sa triste solitude, ni d'en former le dessein, quelque dangereux qu'il pût être pour moi-même. Un soir je trouvai l'occasion de lui expliquer mes pensées là-dessus, & de lui en faire la proposion. Je lui representai qu'il m'étoit fort aisé de l'emmener avec moi, puisqu'il n'étoit gardé de personne, & que j'avois résolu de m'en aller à Archangel, & non à Moscow. Que dans cette route, je pouvois marcher avec mon train, en guise d'une petite Caravane, & qu'ainsi je ne serois pas obligé de chercher des gîtes dans les Garnisons Russiennes ; mais que je pourrois camper toutes les nuits, où je voudrois ; que de cette maniere je le pouvois facilement conduire à Archangel, le mettre seureté à bord d'un Vaisseau Anglois, ou Hollandois, & le mener avec moi dans des païs, où personne ne songeroit à le poursuivre. Je l'assurai en même
tems ;

tems, que j'aurois soin de lui fournir pendant le Voyage, tout ce dont il auroit besoin jusqu'à ce qu'il fût en état de subsister par lui-même.

Il m'écouta avec grande attention, & pendant tout le temps que je parlois il me regarda fixement ; je pûs voir même par tout son air, que ce que je lui disois le mettoit dans la plus violente agitation. Sa couleur changeoit à tout moment, ses yeux paroissoient tantôt vifs, tantôt éteints, & son cœur sembloit flotter entre plusieurs passions opposées. Qui plus est, il ne fut pas d'abord en état de me répondre, quand j'eus fini, & que j'attendois impatiemment sa réponse.

S'étant enfin un peu remis, *quel état malheureux*, s'écria-t'il, *que celui des pauvres mortels, quand ils ne se précautionnent pas avec toute l'attention possible, contre tous les dangers qui menacent leur foible vertu ! Les actes de l'amitié la plus sincere peuvent leur devenir des pièges, & avec la meilleure intention du monde ils deviennent les tentateurs les uns des autres. Mon cher ami*, continua-t'il d'un air plus calme, *il y a tant de desinteressement dans l'offre que vous me faites, que je connoîtrois fort peu le monde si je ne m'en étonnois pas, & que je serois le plus ingrat des hommes, si je n'en avois pas toute la reconnoissance possible. Mais parlez-moi naturellement, avez-vous crû que le mépris que je vous ai fait voir pour le monde, étoit sincere ; & que je vous ai découvert le fond de mon ame, en vous assurant, que dans mon exil*

je

je m'étois procuré une felicité supérieure à tous les avantages qu'on peut emprunter de la grandeur & des richesses ? M'avez-vous crû sincère, quand je vous ai protesté que je refuserois de rentrer dans la condition brillante, où je me suis vû autrefois à la Cour de mon Maître ? M'avez-vous crû honnête-homme, ou m'avez-vous pris pour un de ces hypocrites, qui se dédommagent de leur mauvaise fortune, par une fausse ostentation de pieté, & de sagesse ?

Il s'arrêta-là non pas pour attendre ma réponse, mais parce que l'agitation de son cœur l'empêchoit de poursuivre. J'étois plein d'admiration pour les sentimens de ce grand homme, & cependant, je ne négligeai rien pour l'y faire renoncer. Je me servis de quelques argumens pour le porter au dessein de se tirer de sa triste situation ; je tâchai de lui faire considerer ma proposition, comme une porte que le Ciel ouvroit à sa liberté, & comme un ordre qu'il recevoit de la Providence de se mettre dans un état plus agréable, & de se rendre utile aux autres hommes.

Que savez vous, me répondit-il, *si au lieu d'un ordre de la Providence, ce n'est pas p'ûtôt une ruse du Démon, qui dans ma délivrance offre à mon ame l'Idée d'une grande felicité, uniquement pour me faire tomber dans un piége, & pour me porter à courir moi-même à ma ruine ? Dans mon exil je suis libre de toute tentation de retourner à ma miserable grandeur, & si j'étois libre, peut-être que l'orgueuïl, l'ambition* l'avarice & la sensualité, dont la source n'est jamais entièrement tarie dans la nature humaine, m'entraîneroient de nouveau avec impétuosité. Alors cet heureux prisonnier redeviendroit au milieu des douceurs d'une liberté extérieure, l'esclave de ses sens & de ses passions. Non non, mon cher Monsieur, il vaut mieux que je reste dans mon éxil, banni de la Cour, & éxempt de crime, que de me délivrer de cette vaste solitude, aux dépens de la liberté de ma raison, & aux dépens d'une félicité éternelle, sur laquelle je fixe à present mes yeux, & que je pourrois perdre de vûë, si j'acceptois vos offres obligeantes. Je suis un homme foible, naturellement sujet à la tirannie des passions : ne me tirez pas de mon heureuse défiance ; ne soyez pas en même tems mon ami & mon tentateur.

Si j'étois surpris de son discours précedent, celui-là me rendit absolument muet. Son ame lutoit d'une telle force contre ses desirs, & contre ce penchand naturel à tout homme de chercher ses commoditez, que quoiqu'il fit un temps extraordinairement froid, il étoit tout en eau. Voyant qu'il avoit grand besoin de se tranquiliser, je lui dis en peu de mots, qu'il feroit bien de considérer cette affaire à loisir, & d'une maniere calme, & là-dessus je m'en retournai chez moi.

Environ deux heures après j'entendis quelqu'un à la porte de ma chambre, & lorsque je me levois pour l'ouvrir, il m'en épargna la peine ; c'étoit le Prince lui-même. *Mon cher ami,*

ami, me dit-il, *vous m'aviez presque persuadé, mais la reflexion est venuë à mon secours, & je me suis rafermi absolument dans mon opinion; ne le trouvez pas mauvais, je vous en prie. Si je n'accepte pas une offre aussi obligeante, & aussi desinteressée que la vôtre, si je la refuse, ce n'est pas faute de reconnoissance : j'en ai toute la gratitude possible, soyez en sur. Mais vous ne voudriez pas, que je me rendisse malheureux, vous avez trop de bon sens même, pour ne vous pas réjoüir de la victoire, que j'ai remportée sur moi même.*

» J'espére, Monseigneur, *lui répartis je,*
» que vous êtes pleinement convaincu, qu'en
» rejettant le parti que je vous propose, vous
» ne désobéïssez pas à la voix du Ciel. *Monsieur, me dit-il, si cette proposition m'avoit été faite par une direction particuliere de la Providence, une direction toute pareille m'auroit forcé à l'accepter, & par conséquent j'ai lieu de croire, que c'est par soûmission à la voix du Ciel, que je refuse un parti si avantageux, en apparence. Vous allez vous separer de moi, & si vous ne me laissez pas entierement libre, du moins vous me laisserez homme de bien & armé contre mes desirs, d'une sage précaution, & d'une timidité prudente.*

Je ne pouvois que tomber d'accord de la sagesse de sa résolution, en lui protestant néanmoins, que mon but avoit été uniquement de lui rendre service. Il m'embrassa là-dessus avec une action tendre & passionnée, & m'assu-

qu'il étoit convaincu de la pureté de mes intentions, & qu'il seroit charmé de m'en pouvoir témoigner sa reconnoissance. Pour me faire voir, que ses protestations étoient sincéres, il m'offrit un magnifique présent de Sables, & d'autres fourures de prix. J'avois de la peine à me résoudre à l'accepter d'un homme qui étoit dans une malheureuse situation; mais il ne voulut point être refusé, & pour ne le pas désobliger force me fut de prendre un présent si magnifique.

Le jour après; je lui envoyai mon Valet avec un présent de Thé, où j'avois joint deux piéces de Damas de la Chine & quelques petites piéces d'or du Japon, qui ne pesoient pas six onces en tout; par conséquent il s'en falloit bien que mon présent n'égalât le sien; qu'à mon retour en Angleterre je trouvai de la valeur de plus de 200. liv. sterling.

Il accepta le Thé, une piéce de Damas, & une seule petite piéce d'or marquée du coin du Japon, qu'il ne prit sans doute que comme une curiosité; & me renvoyant le reste, il me fit dire, qu'il seroit bien aise d'avoir une conversation avec moi.

M'étant venu voir là-dessus, il me dit que je savois ce qui s'étoit passé entre nous, & qu'il me conjuroit de ne lui en plus parler; mais qu'il seroit bien aise de savoir, si lui ayant fait une offre si généreuse, je serois d'humeur à rendre le même service à une personne qu'il me nommeroit, & pour laquelle s'interessoit de la maniere la plus tendre. Je lui répondis naturellement, que je parlerois contre ma conscience, si je disois, que j'étois prêt à faire autant pour un autre que pour lui, pour qui je sentois un profond respect accompagné d'une parfaite estime. Cependant, continuai-je, si vous voulez bien me nommer la personne en question, je vous répondrai avec franchise ; & si ma réponse vous déplaît, j'ose espérer pourtant que vous ne m'en voudrez point de mal. Il me dit qu'il s'agissoit de son fils unique, que je n'avois jamais vû, & qui se trouvoit dans la même condition que lui, éloigné de Sobolski de plus de 100000. mais qu'il trouveroit le moyen de le faire venir, si j'étois disposé à lui accorder cette grace.

Je ne hésitai pas un moment, je lui dis que j'y consentois de bon cœur, & que ne pouvant pas lui montrer à lui même jusqu'à quel point je le considérois, je serois charmé de lui en donner des marques par la personne de son fils. Le lendemain il envoya des gens pour aller chercher le jeune Prince, & il arriva trois semaines après, amenant avec lui six ou sept chevaux chargez des plus riches fourrures, dont la valeur montoit à une somme très considérable.

Ses valets conduisirent les chevaux dans la Ville, en laissant leur jeune Seigneur à quelque distance de là, mais il entra la nuit *incognito*, dans ma maison, & son Pere me le presenta. Dans le même moment nous con-
cer-

certâmes tout pour nôtre Voyage, & nous en reglâmes les préparatifs.

J'avois troqué dans cette Ville une partie de mes Marchandises des Indes contre une bonne quantité *de Sables, d'hermines, des Renards noirs, & autres Fourrures de prix*. Ce que j'avois donné en échange, consistoit sur tout en noix de Muscades, & en clous de girofle, & dans la suite je me défis de ce qui m'en restoit à Archangel, où j'en tirai un meilleur parti que je n'aurois pû faire à Londres. Ce commerce plût fort à mon Associé, qui étoit plus avide de gain que moi, & dont le négoce étoit plus le fait, qu'il n'étoit le mien. Il se felicitoit fort du parti que nous avions pris de rester si long-tems dans la Siberie, à cause des profits considérables que nous y avions faits.

C'étoit au commencement de Juin, que je partis de cette Ville si éloignée des routes ordinaires du commerce, qu'elle ne doit pas faire grand bruit dans le monde. Nôtre Caravane étoit extrêmement petite, puis qu'elle ne consistoit qu'en trente chevaux & chameaux en tout. Tout cela passoit sous mon nom, quoi qu'il y en eût onze dont le jeune Prince étoit propriétaire.

Ayant un si gros équipage, je devois avoir naturellement un bon nombre de Domestiques; par conséquent ceux du Prince pouvoient bien passer pour les miens. Ce Seigneur lui-même prit le titre de mon Maître d'Hôtel, ce

V 2   qui

qui aparemment me fit prendre pour un homme d'importance, mais cette vanité me chatoüilla fort peu.

Nous fûmes obligez d'abord de passer le plus grand & le plus désagréable Desert que j'aye rencontré dans tout le voyage. Je l'apelle le Desert le plus désagréable, parce qu'en plusieurs endroits le terrain est marécageux, & fort inégal en plusieurs autres. Tout ce qui nous en consoloit, c'étoit la pensée que nous n'avions rien à craindre de ces Brigands de Tartares, qui ne passent jamais l'*Oby*, ou du moins très rarement. Cependant nous fûmes fort trompez dans ce calcul-là.

Le jeune Prince avoit avec lui un très fidele domestique Moscovite, ou plûtôt Syberien, qui connoissant parfaitement bien tout ce Païs, nous conduisit par des routes particuliéres, pour éviter les Villes qui sont sur les grands chemins, comme *Tumen, Soly Kamskoy*, & plusieurs autres, il savoit que les Garnisons Russiennes, qui s'y trouvent, observent avec une exactitude très scrupuleuse l'ordre qu'elles ont d'examiner les Voyageurs, pour voir si quelque éxilé de marque ne s'aviseroit pas de se glisser, parmi d'autres Passagers, dans le cœur de la Moscovie.

Les mesures que nous prîmes, ne nous exposoient pas à de pareilles recherches; mais d'un autre côté elles nous forçoient à faire tout nôtre voyage par le Desert, & à camper
tou-

toutes les nuits sous nos tentes, au lieu qu'en passant par les Villes, nous aurions pû joüir de toutes les commoditez imaginables. Le jeune Prince sentoit si bien les desagrémens où ma bonté pour lui m'engageoit, qu'il ne vouloit pas me permettre de camper plusieurs fois que nous nous trouvions près de quelque Ville. Il se contentoit de coucher lui même dans les bois avec son fidelle valet, & il savoit nous rejoindre dans les endroits, où nous étions convenus de l'attendre.

Nous entrâmes dans l'Europe en passant la Riviere apellée *Kama*, qui dans cet endroit separe l'Europe de l'Asie. La premiere Ville Européenne qu'on rencontre de ce côté-là, s'apelle *Soly-Kamskoy*, c'est-à-dire, *la grande Ville sur le fleuve Kama*. Nous crûmes voir là le peuple mieux poli dans sa maniere de vivre dans ses habillemens, & dans sa Religion ; mais nous nous trompâmes. Dans le Desert que nous avions à traverser, & qui de ce côté là n'a que deux cens milles d'étenduë, quoi qu'il en ait sept cens dans d'autres endroits, nous trouvâmes les Habitans peu differens des Tartares Monguls. Ils donnent dans un Paganisme tout aussi grossier que les Sauvages de l'Amérique. Leurs Bourgs & leurs maisons sont pleines d'Idoles, & leur maniere de vivre est entierement barbare, excepté dans les Villes & dans les Villages qui en sont proches, où l'on trouve des Chrétiens qui se disent de l'Eglise Grecque, mais qui
ont

ont mêlé leur Religion de tant de cérémonies superstitieuses, qui leur restent de leur ancienne Idolâtrie, qu'on prendroit leur Culte plûtôt pour un *sortilege* que pour un Culte Chrétien.

En traversant cette vaste Solitude, après avoir banni toute idée de danger de mon esprit, comme je l'ai déja insinué, je courus risque d'être massacré avec toute ma suite, par une troupe de Brigands ; je n'ai jamais pû sçavoir quelles gens c'étoient, si c'étoit une bande d'une espéce de Tartares apellez *Ostiaſhi*, où s'ils s'étoient répandus de-là des bords de l'Oby, ou bien, si c'étoit une troupe de chasseurs de la Syberie, qui s'étoient assemblez pour prendre une autre proye que des *Sables & des Renards*. Ce que je sçai parfaitement bien, c'est qu'ils étoient tous à cheval, qu'ils étoient armez d'arcs & de fléches, & que quand nous les rencontrâmes pour la premiere fois, ils étoient à peu près au nombre de quarante-cinq. Ils aprocherent de nous jusqu'à deux differentes reprises, & nous environnant à tous côtez, ils nous examinerent avec une très grande attention. Ensuite ils se posterent justement dans nôtre chemin, comme s'ils avoient eu envie de nous couper le passage.

Là-dessus n'étant en tout que seize personnes, nous plaçâmes devant nous nos chameaux tous sur une même ligne, afin d'être plus en état de repousser cette canaille, &
ayant

ayant fait halte, nous envoyâmes le valet Syberien du Prince pour les reconnoître. Son Maître y consentit de bon cœur, d'autant plus, qu'il craignoit que ce ne fut une troupe de Syberiens, détachée exprès pour l'attraper dans sa fuite, & pour le ramener par force.

Ce brave domestique s'avança de leur côté, & se tenant à une certaine distance, il leur parla dans tous les differens dialectes de la Langue Syberienne, sans pouvoir entendre un seul mot de ce qu'ils lui répondoient. Cependant il comprit par leur action & par plusieurs signes qu'ils lui faisoient, qu'ils tireroient sur lui, s'il avoit la hardiesse d'aprocher davantage. Il retourna là-dessus sur ses pas, pour nous venir faire son raport, sans avoir grand'chose à nous dire, sinon qu'il les croyoit *Kalmucks* ou *Circassiens* par leurs habits, & que selon toutes les aparences, il devoit y en avoir la plus grande quantité répandue dans le Desert, quoi qu'il n'eût jamais entendu dire auparavant, que ces Barbares se fussent si fort avancez côté du Nord. C'étoit une triste consolation pour nous, mais il n'y avoit point de remede.

Il y avoit à nôtre gauche à un quart de mille de nous & tout près de la route, un petit bosquet, où les arbres étoient extrêmement serrez, & je considerai d'abord qu'il falloit nous avancer jusques-là, & nous y fortifier, le mieux qu'il nous seroit possible.
Nous

Nous devions nécessairement gagner par là un double avantage : les branches épaisses & entrelassées nous mettroient à couvert des flêches de nos ennemis, & ils ne pouroient jamais nous attaquer en corps. A parler franchement, c'étoit le vieux Pilote Portugais, qui m'en fit d'abord venir la pensée. Ce bon homme avoit cette excellente qualité, qu'il conservoit toûjours son sang froid dans le péril, & par là il étoit toûjours le plus propre à nous donner de bons conseils ; & à nous inspirer du courage.

Nous exécutâmes d'abord ce projet, avec toute la diligence possible, & nous gagnâmes le petit bois en question, sans que les Tartares ou les brigands fissent le moindre mouvement pour nous en empêcher. Quand nous y fûmes arrivez, nous trouvâmes à nôtre grande satisfaction, que c'étoit un terrain marécageux ; & qu'il avoit d'un côté une grande source d'eau, qui se répandoit dans une espéce de petit Lac, & qui à quelque distance de là étoit joint par une autre source de la même grandeur. En un mot, nous nous vîmes justement auprès de l'origine d'une Riviére considérable, qu'on apelle *Writska*.

Les arbres qui croissoient à l'entour de cette source, n'étoient qu'environ au nombre de deux cens, mais ils étoient fort serrez, comme j'ai déja dit, & revêtus d'un branchage extrêmement touffu ; en sorte que dès que nous nous vîmes les maîtres de ce bocage,

cage, nous nous crûmes hors de danger, à moins que nos ennemis ne missent pied à terre pour nous attaquer.

Pour nous rendre encore cette entreprise plus difficile, nôtre vieux Portugais s'avisa de couper de grandes branches, & de les laisser pendre dans les arbres, ce qui nous environna comme d'une fortification suivie.

Nous nous tinmes-là en repos, pour voir ce que les ennemis entreprendroient contre nous, mais ils ne firent pas le moindre mouvement pendant un espace de tems considérable, mais à peu près deux heures avant la nuit, ils vinrent directement à nous, & quoique nous ne nous en fussions pas aperçûs, nous trouvâmes que leur nombre étoit fort augmenté, & qu'ils étoient du moins quatre-vingt Cavaliers, parmi lesquels nous crûmes remarquer quelques femmes.

Ils n'étoient éloignez de nous que d'une demi-portée de fusil, quand nous tirâmes un seul coup sans balle, en leur criant en même tems, en Langue Russienne, *ce qu'ils vouloient, & qu'ils eussent à se retirer.* Comme ils ne nous entendoient pas, ce coup ne fit que redoubler leur fureur. Ils avancerent à toute

toute bride du côté du bois, sans s'imaginer que nous nous y fussions si bien barricadez, qu'il étoit absolument impossible de s'y faire un passage. Nôtre Portugais qui avoit été nôtre Ingénieur, étoit aussi nôtre Capitaine. Il nous pria de ne point faire feu, que lorsque nous verrions l'ennemi à la demi-portée du pistolet, afin que nous fussions sûrs de nôtre coup. Nous lui dîmes de nous en donner le signal, & il tarda si long-tems, que quelques-uns des ennemis n'étoient éloignez de nous, que de la longueur de deux piques, quand nous fimes nôtre décharge.

Nous visâmes si juste, ou pour mieux dire, la Providence dirigea si bien nos coups, que nous en tuâmes quatorze, sans compter les chevaux, & ceux qui n'étoient que blessez. Car nous avions tous chargé nos armes de deux ou trois balles tout au moins.

Ils furent terriblement étonnez d'une décharge si peu attenduë, & se retirerent à plus de deux cens verges de nous. Nous eûmes dans cet intervalle non seulement le tems de recharger nos fusils, mais encore de faire une sortie, & de saisir cinq ou six chevaux, dont les Maîtres avoient aparemment perdu la vie. Nous vîmes facilement que nos ennemis étoient Tartares, mais il ne nous fut pas possible de voir de quel Païs ils étoient, ni par quel motif extraordinaire ils s'étoient avancez jusques-là.

Environ une heure après ils firent un second

cond mouvement pour nous attaquer, & ils furent reconnoître nôtre petit bois de toutes parts, pour voir s'ils n'y pouvoient pas trouver un autre passage; mais remarquant que nous étions prêts à leur tenir tête de tous côtez, ils se retirerent de nouveau, & pour nous, nous prîmes la résolution de nous tenir là clos & couverts pendant toute la nuit.

Nous dormîmes fort peu, comme on croira sans peine; & nous passâmes presque toute la nuit à nous fortifier davantage, & à barricader tous les endroits par lesquels les ennemis pouvoient le plus facilement venir à nous, sans négliger de poser par tout des sentinelles, & de faire une garde exacte.

Dans cette posture nous attendîmes le jour avec impatience, mais il nous fit faire une découverte fort desagréable. Les ennemis, que nous croyions découragez par la réception, qu'ils avoient reçûë, s'étoient augmentez jusqu'au nombre de plus de trois cens, & ils avoient dressé dix ou douze tentes ou hutes; tout comme s'ils avoient pris la résolution de nous assieger. Ils avoient placé ce petit camp, dans la plaine à un petit quart de lieuë de nous; nous fûmes tous fort consternez de cette vûë, & j'avouë que pour moi je me crus perdu, avec tout ce que j'avois de richesses avec moi. Quoique cette derniere perte eût été considérable, ce n'étoit pas celle là, qui me touchoit le plus; ce qui

qui m'effrayoit davantage, c'étoit la pensée de tomber entre les mains de ces Barbares, à la fin d'un si long voyage, après avoir échapé à tant de dangers, & surmonté des difficultez si grandes & si nombreuses; de périr à la vûë du port, pour ainsi dire, & dans le moment même que je m'étois crû dans une entiere sureté. Pour mon Associé, sa douleur alloit jusqu'à la rage; il protesta que la perte de ses biens, & celle de sa vie lui étoient égales, qu'il aimoit mieux périr en combattant, que mourir de faim, & qu'il se défendroit jusqu'à la derniere goute de son sang.

Le jeune Prince, qui étoit aussi brave que le plus vaillant guerrier de l'Univers, étoit aussi du sentiment qu'il falloit se battre jusqu'au dernier soufle de vie, & le vieux Pilote croyoit que de la maniere que nous étions postez, nous pouvions faire tête à nos ennemis, & les repousser. Tout le jour se passa de cette maniere, sans que nous pussions parvenir à une résolution fixe. Vers le soir nous apperçûmes qu'un nouveau renfort étoit venu aux Tartares: ce qui nous fit croire, qu'ils s'étoient séparez en différentes bandes, pour roder par tout, & pour chercher quelque proye, & que les premiers avoient détaché quelques-uns des leurs, pour donner avis aux autres du butin, qu'ils avoient découvert.

Craignant que le lendemain ils ne fussent encore

encore plus forts, je me mis à questionner les gens que nous avions amenez avec nous de *Tobolski*, pour sçavoir d'eux, s'il n'y avoit pas quelque route détournée par laquelle nous pouvions échaper à ces canailles pendant la nuit, & nous retirer vers quelque Ville, ou bien trouver quelque part une escorte pour nous conduire à travers le desert.

Le Syberien, Domestique du Prince, nous dit que si nous amions mieux leur échaper, que les combattre, il se faisoit fort de nous tirer de là, pendant la nuit, par un chemin qui alloit du côté du Nord vers *Petrou*, & de tromper indubitablement les Tartares, qui nous tenoient comme assiegez. Il y ajouta que malheureusement son Seigneur lui avoit protesté qu'il vouloit se battre, & non pas se retirer.

Je lui répondis, qu'il avoit mal pris les expressions de son Maître, qui étoit trop sage, pour vouloir se battre simplement pour avoir le plaisir de se battre, & qui, quoiqu'il eût déja donné de grandes marques de son intrépidité, ne voudroit pas résister avec 17. ou 18. hommes à cinq ou six cens Tartares, sans y être contraint par une nécessité inévitable. Si vous sçavez réellement, ajoutai-je, un sûr moyen de nous tirer d'ici sains & saufs, c'est l'unique parti qu'il y a à prendre. Il me repliqua, que si son Seigneur vouloit le lui ordonner, il consentoit à per-

dre

dre la tête s'il n'executoit pas le projet dont il s'agiſſoit.

Il ne fut pas difficile de porter le jeune Prince à une résolution si sensée ; il donna à son Domestique les ordres nécessaires, & dans le moment même nous préparames tout pour faire réüſſir cette entrepriſe ſalutaire.

Dès qu'il commença à faire obſcur nous allumâmes du feu dans nôtre petit camp, en prenant nos meſures, pour le faire durer pendant toute la nuit, afin de faire croire aux Tartares que nous y étions encore, & auſſi-tôt que nous vîmes paroître les Etoiles, qui étoit le temps, que le *Syberien* avoit marqué pour nôtre départ, nos bêtes de charge étant déja en état de marcher, nous ſuivîmes nôtre guide qui ne conſultoit que l'*Etoile Polaire*, pour nous mener par ce païs, dont une grande partie ne conſiſtoit qu'en plaines.

Après avoir marché vigoureuſement pendant deux heures nous vîmes que l'obſcurité commençoit à diſparoître, & qu'il faiſoit plus clair, qu'il n'étoit néceſſaire pour nôtre deſſein ; la Lune ſe levoit, ce qui nous auroit été fort deſavantageux, ſi les Tartares s'étoient apperçus de nôtre retraite. Heureuſement ils en furent les dupes, & nous arrivâmes le matin à ſix heures, après avoir fait quarante milles de chemin, & eſtropié pluſieurs de nos bêtes, à un village appellé *Kermazinskoy*, où nous nous repoſâmes, ſans entendre dire la moindre choſe de nos Ennemis pendant tout le jour.

En-

Environ deux heures avant la nuit, nous nous remîmes en marche, & nous reſtâmes en chemin, juſqu'au lendemain à huit heures du matin; il nous fallut paſſer une petite riviere apelée *Kirtza*, pour arriver à un grand Bourg bien peuplé, & habité par des Ruſſiens, & nommé *Ozomois*. C'eſt-là que nous nous délaſſâmes pendant quelque tems; nous y aprîmes que pluſieurs *Hordes de Tartares Kalmues* s'étoient répanduës dans le Deſert, mais que nous n'en avions plus rien à craindre, ce qui nous donna une très grande ſatisfaction.

Nous reſtâmes là cinq jours entiers, tant pour goûter quelque repos, après des marches ſi fatigantes, que pour nous y fournir de quelques chevaux, dont nous avions grand beſoin. Nous avions les obligations les plus eſſentielles au brave Syberien, qui nous avoit conduits juſques-là, & mon Aſſocié & moi, nous lui donnâmes la valeur de dix piſtoles, pour le récompenſer de cet important ſervice.

Une autre marche de cinq jours nous mena à *Veuſlima* ſur la Riviére de *Wutzegda*, qui ſe jette dans la *Dwina*, & de-là nous vinmes à *Lavvrenskoy*, le 3. de Juillet. Nous goutions-là, le plaiſir de voir la fin de nôtre voyage par terre, puiſque nous étions ſur le bord de la Dwina, fleuve navigable, qui nous pouvoit conduire en ſept jours à Archanagel. Nous y loüâmes deux grandes Chaloupes, pour

pour nôtre bagage, & une espéce de barge fort commode pour nous mêmes ; nous nous embarquâmes, le 7. & nous arrivâmes tous sains & saufs à Archangel le 18. ayant été en chemin dant tout nôtre voyage par terre, y compris nôtre séjour à *Tobolski*, un an, cinq mois & trois jours.

Nous fûmes obligez de rester dans cette Ville six semaines, pour attendre l'arrivée des Vaisseaux, & nous aurions été forcez d'y rester bien plus long tems, si un Hambourgeois n'étoit entré dans le port un mois avant le tems ordinaire, qu'arrivent les Vaisseaux Anglois.

Aprés avoir mûrement déliberé sur le parti, que nous devions prendre, nous considérâmes que nous pourrions nous défaire de nos marchandises aussi avantageusement à Hambourg qu'à Londres, & nous résolûmes de nous embarquer tous dans ce Navire ; nous convinmes du *Fret*, & dans le moment je fis embarquer toutes mes denrées. Il étoit fort naturel de faire aller à bord mon *Maître d'Hôtel*, en même tems, pour en avoir soin, & par-là le jeune Prince eut toute la commodité imaginable de se tenir à l'écart, pendant tout le tems qu'il nous falloit pour faire nos préparatifs. Il ne quitta pas le bord, pendant tout ce tems-là, de peur d'être reconnu dans la Ville par quelque Marchand Moscovite.

Nous partîmes d'Archangel le 20. d'Août
&

& sans avoir de grands malheurs dans nôtre voyage nous entrâmes dans l'Elbe, le 13. de Septembre. Nous trouvâmes à Hambourg, mon Associé & moi, des occasions très favorables, de vendre nos marchandises, tant celles des Indes, que les fourrures que nous avions aportées de la Syberie. En partageant avec lui le produit de tous nos effets, j'eus pour ma part 3475. livres sterling... 17. Schelings, & 3. sols ; malgré plusieurs pertes que nous avions faites, & les grandes charges que nous avions été obligez de soûtenir ; il est vrai que je comprends dans ma portion, une partie de Diamans que j'avois achetée à Bengale, pour mon compte particulier, & qui valoient bien six cens liv. St.

Ce fut là que le jeune Prince prit congé de nous. Il monta l'Elbe dans le dessein d'aller à la Cour de Vienne, où il espéroit trouver de la protection, & d'où il pouvoit entretenir correspondance avec ceux des amis de son Pere, qui étoient encore en vie. Il ne se sépara pas de moi sans me témoigner de la maniere la plus forte la réconnoissance, qu'il sentiroit toute sa vie, pour le service que je lui avois rendu, & pour les tendres marques d'amitié que j'avois données au Prince son Pere.

Après avoir resté quatre mois à Hambourg, je passai par terre, en Hollande, où m'étant embarqué dans le *Pacquet-boat* j'arririvai à Londres le 10. de Janvier 1705. dix ans & neuf mois après mon départ d'Angleterre.

Je me trouve à present dans ma patrie, bien résolu de ne me plus fatiguer, en cherchant des Avantures par le monde, il est tems que je me prépare à un voyage plus long, que tous ceux que je viens de décrire. Pendant une vie de 72. ans variée, par un si grand nombre de differentes révolutions, j'ai apris suffisamment à connoître le prix de la retraite & le bonheur inestimable, qu'un homme sage doit trouver à finir ses jours en paix.

Fin du Quatriéme & dernier Tome.

www.ingramcontent.com/pod-product-compliance
Lightning Source LLC
Chambersburg PA
CBHW070527170426
43200CB00011B/2353